SEIS
SEGUNDOS

livro em
casa

ERICK LIRA

SEIS
SEGUNDOS

O RELATO DE UMA VIDA
RENOVADA PELA FÉ

Diretor-presidente:
Jorge Yunes
Gerente editorial:
Claudio Varela
Editora:
Ivânia Valim
Assistentes editoriais:
Fernando Gregório e Vitória Galindo
Suporte editorial:
Nádila Sousa
Gerente de marketing:
Renata Bueno
Analistas de marketing:
Anna Nery e Daniel Oliveira
Direitos autorais:
Leila Andrade
Coordenadora comercial:
Vivian Pessoa
Preparação de texto:
Augusto Iriarte

Seis segundos
© Erick Lira, 2023
© Livro em casa, 2024

Todos os direitos reservados. Nenhuma parte desta obra pode ser reproduzida ou transmitida por qualquer forma ou meio eletrônico, inclusive fotocópia, gravação ou sistema de armazenagem e recuperação de informação sem o prévio e expresso consentimento da editora.

2ª edição — São Paulo

Revisão:
Jéssica Furtado e Lavínia Neres
Imagem de Capa:
Shutterstock
Projeto gráfico de capa e miolo:
Karina Pamplona
Diagramação:
Karina Pamplona e Amanda Tupiná

DADOS INTERNACIONAIS DE CATALOGAÇÃO NA PUBLICAÇÃO (CIP) DE ACORDO COM ISBD

L768s	Lira, Erick	
	Seis segundos : o relato de uma vida renovada pela fé / Erick Lira. – São Paulo : Livro em casa, 2024.	
	212 p. ; 14cm x 21cm.	
	ISBN: 978-65-998483-4-6	
	1. Biografia. 2. Relatos. 3. Recordações. 4. História de superação. I. Título.	
2024-1486		CDD 920
		CDU 929

Elaborado por Vagner Rodolfo da Silva - CRB-8/9410

Índice para catálogo sistemático:
1. Biografia 920
2. Biografia 929

Rua Gomes de Carvalho, 1306 - 11º andar - Vila Olímpia
São Paulo - SP - 04547-005 - Brasil - Tel.: (11) 2799-7799
editoranacional.com.br - atendimento@grupoibep.com.br

PREFÁCIO

O que pode acontecer em seis segundos? É o tempo de um abraço, de um beijo, de um reflexo entre vida e morte. Talvez tenha sido o tempo que você demorou para ler este trecho.

Neste livro, você vai perceber que seis segundos podem mudar tudo. Os relatos nele contidos falam sobre tudo o que citei antes: abraços, beijos, vida e morte.

Esta obra é sobre a morte de um homem, ainda que seu coração estivesse batendo. Ao que parece, quem morreu foi o atleta, o pai, o marido, o empresário, o pescador, o homem inconsequente e desregrado.

Quem não acredita em milagres vai ter que inventar uma palavra para descrever esta história.

Nas páginas seguintes, você vai acompanhar a luta pela vida e pela recuperação. A luta para superar os limites impostos pelo corpo e pela razão. Tudo por causa de uma queda de uma torre com mais de cem metros de altura. O que deveria ter sido uma aventura aleatória custou ao homem uma vida inteira.

Daí em diante, ele contou com um punhado de sorte (será a palavra certa?). Nesta obra, a relação afetiva entre amigos é ressignificada. O desespero descrito em cada palavra e em cada diálogo nos mostra isso. Como nos mostra a força conjunta em prol de uma vida (ou do que restava dela), e a corrida contra o tempo para salvar um amigo, um pai, um marido, um filho, um irmão; a aflição, a fé, a esperança de uma família que encontrou forças para dobrar joelhos e não parar de orar.

O sobrevivente, Erick Lira, é mais do que isso: é um lutador, é um vencedor. A duras penas, aprendeu que, em determinado momento, a sobrevivência dependia dele, do esforço dele, da força de vontade dele.

Foram dias no hospital, muitos dos quais ele estivera desacordado, seguidos de meses dolorosos e intensos de reabilitação. Havia quem não acreditasse em sua recuperação plena, incluindo médicos; mas, contrariando a ciência, a lógica, os fatos, ele seguiu se superando. Desistir não era mais uma opção.

Houve também quem duvidasse que ele voltaria a andar, sem saber que Erick já estava correndo para voar.

Pois o homem de dores ressignificou a dor. Dor mesmo seria não poder ser ele mesmo, não poder voltar a ser grande. A esperança que retornou ao seu coração o fez entender que o céu não é um limite. O céu é o seu destino final.

Larissa Santiago
Jornalista

PRÓLOGO

— Lamento, Évelyn! — disse a Dra. Drielle Sales. — É bem difícil ter que lhe informar isso, mas esse processo convulsivo é exatamente o que não podia acontecer. É a prova de que o cérebro não manda mais no corpo. De agora em diante, o esperado e lógico, segundo a Medicina, é que ele fique, permaneça e viva em estado vegetativo.

A notícia foi dada no frio e gélido leito compartilhado da UTI do principal hospital da capital do Amazonas. Naquela manhã, caía na cidade uma leve chuva, que combinava com a situação.

Évelyn era casada havia onze anos com Erick Lira, com quem tinha tido Agnes. Após exaustivos dias de espera e de conflitos, dentro e fora do hospital, ela passara a noite em casa, cuidando da menina de dez meses de vida, até receber um telefonema que solicitava a sua presença urgente no hospital, situado a um quilômetro de casa. Era um domingo qualquer em Manaus, e, após sete dias, tinha sido feita a primeira tentativa de reduzir a sedação para tirar o marido dela do coma.

Erick, com um grave politraumatismo craniano encefálico, estava sob os cuidados da competente, preparada e bela neurologista Drielle Sales. Mesmo com a pouca idade, era uma médica experiente que já havia estudado e trabalhado até fora do país. Tinha o cabelo castanho curto e o bom hábito de cuidar da própria saúde. Era o tipo de médica que estava sempre com a pele hidratada.

Ao longo dos últimos dias, ela e Évelyn haviam construído um laço de amizade e confiança. Tomavam em conjunto qualquer decisão que envolvesse o caso ímpar de traumatologia.

No anoitecer do sábado, antes das convulsões, a junta médica do Hospital Santa Júlia decidira que tinha passado da hora de tentar trazer o ferido de volta à vida. Eles vinham sofrendo uma pressão incessante e ferrenha por parte da família para trazer Erick de volta do coma. O jovem atleta tinha se ferido gravemente em uma horripilante aventura, e o coma havia sido induzido dentro de um avião, a caminho da capital amazonense.

É verdade que alguns familiares haviam se posicionado contra a decisão de acordá-lo, porém, nesse momento, era tarde demais para arrependimentos, desculpas, consolos, opiniões, lamentos ou o que fosse. O pior aconteceu: em um mundo de riquezas, riscos, histórias, viagens e influências, não havia tempo para mais nada. Para o corpo deitado na maca, não havia o que fazer. Restou à médica induzir o coma novamente — e, ao resto do mundo, seguir orando e acreditando com todas as forças, até o limite, até o último momento. Acreditando que orações salvam vidas.

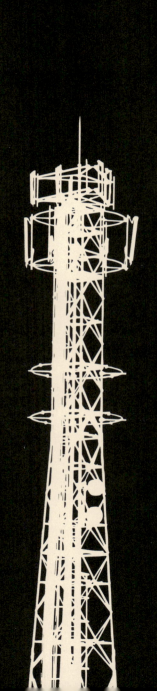

PARTE 1

A HISTÓRIA

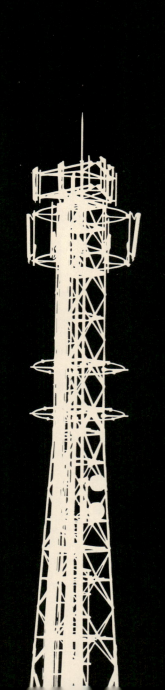

CAPÍTULO 1
A PESCARIA E *BASE JUMP*

— Então vamos pescar este final de semana! — disse Tito.
— Vamos. Vai ser importante para ele — respondeu Erick.

Tito Ribeiro e Erick Lira faziam parte de uma singela, humilde e pequena equipe de pesca composta por três pescadores experientes. Tito era conhecido como Tocha, apelido dado devido à facilidade, adquirida nos treinamentos do Exército Brasileiro, para fazer surgir fogueiras em situações de acampamento na selva. Ele era um homem negro de estatura elevada. O modo alegre como tratava o filho e a esposa sempre chamava a atenção de Erick. Tito era considerado um homem bonito e era casado com uma mulher linda que o incentivava a pescar e a se aventurar com os amigos.

Nessa conversa, os dois se referiam ao terceiro integrante da equipe: Denis Sena, o líder, pescador nato conhecido como Mestre, um industriário de quarenta e dois anos e possuidor de uma sabedoria única. Era a primeira pessoa a dar bons conselhos e a ajudar no que fosse preciso. O modo como sempre falava de sua esposa e filha era carregado de gentileza e humildade — era um diferencial dele. Denis era motociclista, praticava exercícios físicos regularmente e não ingeria bebidas alcoólicas havia mais de trinta anos. Era o motorista oficial da viagem de pescaria e se sentia orgulhoso quando qualquer um dos integrantes pegava um peixe grande. Mas Denis estava passando por um momento delicado em sua vida: era o mês de setembro, e algo místico o assombrava nessa época do ano. Sempre senhor de suas ideias, ele agora se encontrava em tratamento psiquiátrico, tomando remédios controlados. Denis era extremamente observador: analisava tudo e todos sempre que chegava a algum local desconhecido. Isso o havia livrado de grandes encrencas num passado próximo.

Diante da situação, os amigos decidiram marcar uma pescaria para tentar ajudá-lo, também porque os três amavam a prática desse esporte. Era a época em que os rios da região amazônica começavam a descer o nível, atraindo pescadores do mundo inteiro, ávidos por fisgar os maiores tucunarés. Mas, para essa equipe de são-paulinos, o motivo era outro: nunca foi só sobre pescar, sempre foi sobre estar junto, sobre desfrutar do contato único que a natureza reserva a seus amantes, sobre, principalmente, aproveitar a companhia uns dos outros.

Eles combinaram de sair na quinta-feira à noite de Manaus. O plano da equipe era sempre o mesmo: arranjavam um local para acampar e dormir no meio da Floresta Amazônica, às margens do rio. O escolhido para esta aventura era o já explorado e distante rio Urubu. Um dos motivos da escolha fora o fato de que, nessa localidade em especial, conheciam uma humilde e simpática família ribeirinha que morava na comunidade de São José II havia, pelo menos, vinte anos. Além disso, tinham um relacionamento muito próximo e fraterno com eles.

Supersticiosos, os três seguiam ritualisticamente os mesmos passos para sair da cidade e pegar a estrada rumo ao bote pesqueiro: paravam no último posto de gasolina da capital, abasteciam o carro, compravam guloseimas, cervejas e cigarros, tiravam uma foto e faziam uma oração pedindo aos céus que lhes protegessem no caminho de ida e de volta. A equipe se orgulhava e se envaidecia por ostentar o abstrato título de nunca ter sofrido nenhum acidente durante suas aventuras, ainda que elas envolvessem arriscadas caças de mergulho no período noturno.

No caminho para a beira do Urubu, a duzentos e vinte quilômetros de Manaus, eles passaram por algumas antenas de telefonia. Uma delas sempre chamava a atenção de Erick — era a mais alta, a mais linda, a mais inalcançável devido aos muros de concertinas, jamais desbravada pelos praticantes de esportes radicais que envolvessem altura. Erick sabia que havia algo de especial nela e, naquele momento, sentiu algo diferente. Enquanto passavam pela antena, Lira disse aos amigos que a torre seria explorada na volta daquela viagem. O que ele não imaginava era que, entre os adjetivos atribuídos à ela, se somaria um novo: a mais mortal de todas.

A equipe chegou à margem oeste do rio Urubu quatro horas e trinta minutos após a saída. Foi um percurso longo e prazeroso, percorrido ao som dos magistrais Elvis Presley e Roberto Carlos. Erick fazia questão de ouvir os reis. Entre conversas e piadas, ficou decidido que a pescaria propriamente dita terminaria no sábado à noite.

Os três foram muito bem recebidos pelo simpático e confiável piloteiro de costume, Rodrigo Araújo, que conhecia essa equipe de pesca havia anos — eram os únicos para quem Rodrigo abria as portas de sua casa em hospedagem. Filho dedicado e pai amoroso, Araújo avisara dona Valdeci que ia buscar Erick e os meninos. Responsável por cuidar de todos, ela esperava ansiosamente para saber as novidades da capital e ficar conversando na frente da casa antes do pôr do sol.

Durante toda a pescaria, Erick comentou e ensaiou com os amigos a proeza que seria terminá-la realizando um *base jump* da dita antena. Ele, que já tinha saltado de várias outras delas, orgulhava-se em ser uma das poucas pessoas no estado do Amazonas que praticava o radical e ilegal esporte. Ilegal porque geralmente as antenas, prédios e pontes dos quais se salta são vigiados ou murados, o que dificulta ao atleta explicar às autoridades que vai usar a altura para se jogar do alto. O esporte chamara a atenção de Lira quando seu instrutor, Giulianno Scotti, comentara sobre a alta mortalidade na prática do *base jump*. Na época, Erick ficara fascinado com o fato de que o praticante contínuo do esporte tem uma expectativa de vida útil que varia entre quatro e cinco anos[1].

Seguindo o combinado, no domingo pela manhã, Denis foi o primeiro homem a acordar e levantar.

— Hora de acordar, pessoal — disse aos dois amigos.

— Vamos tomar um café antes de sair — disse Tito.

— Temos apenas dez minutos para cumprir o nosso trato — falou o metódico Erick, já tomando um trago de uísque.

O trato era que, no domingo, eles voltariam cedo, pois Erick tinha que se fazer presente no aniversário de catorze anos do irmão mais novo. Seus pais eram separados havia mais de vinte anos, e o Criador fora bondoso com o pai de Erick, Josias Lira, ao lhe enviar uma bela, amável e doce mulher, Cristiane, que cuidava dele muito bem. Isso tranquilizava e alegrava Erick.

---

[1] A expectativa de vida útil não foi medida por pesquisas científicas ou estatísticas, mas se trata de senso comum entre os praticantes de *base jump*.

Tudo estava ocorrendo conforme o combinado, mas, naquela manhã de domingo, Erick perderia a festa de aniversário.

CAPÍTULO 2
UMA ESPOSA SOLITÁRIA

— Posso enfrentar o que for, eu sei quem luta por mim, meus olhos vão ver o impossível acontecer! — Évelyn terminou de cantar o solo da música na Primeira Igreja Batista de Manaus.

Ser casada com Erick sempre foi um misto de emoções. Ela o conhecia desde a adolescência, e eles namoraram por cinco anos antes de decidirem pela vida matrimonial. Erick era um homem casado, mas que levava uma vida de solteiro. Empresário há duas décadas, ele se orgulhava de chamar os mais de cem funcionários de amigos. Costumava até sair para tomar cerveja com um ou outro mais antigo. Com cabelos até os ombros, usava um coque samurai para combinar com a sua sempre bem-feita barba de lenhador. Évelyn odiava esses termos. Odiava o visual moderno do marido. Acostumado às próprias regras, ele não se preocupava em fugir dos padrões da sociedade — Évelyn tinha consciência e já havia até flagrado uma traição de Erick, mas algo mais forte sempre a impedia de decidir pelo divórcio. Uma mulher temente a Deus, tomava a iniciativa de chamar o marido à igreja, mas invariavelmente se frustrava. Nunca sabia o que esperar dele, que sempre se aventurava em rodeios, vaquejadas, paraquedismo, *base jump* e pescarias. Quando Erick comprara uma moto, Évelyn passara a ter uma preocupação a mais, especialmente porque ele era atirador esportivo e costumava rodar pela cidade com sua PT 638 na cintura.

Erick era um romântico nato. Fosse abrindo a porta para uma mulher ou levando a esposa para passear em Nova York como presente de aniversário, ele amava romantizar a vida e encontrar belas palavras em momentos de crise. Tinha plena consciência de que era abençoado por Deus pela esposa com quem vivia.

Évelyn era dona de uma beleza singular: baixa, cabelos ondulados e um par de pernas que sempre enlouqueceram Erick. Desde a mocidade, ela chamava a atenção por onde passava. Amava se comunicar e se entrosar com as pessoas ao redor. De espírito leve, irradiava seu alto-astral. Erick lembrava bem do perfume que exalava de Évelyn no dia em que ele a pediu em casamento — ele sempre amou o cheiro da pele da esposa. Évelyn dedicara mais da metade da vida aos estudos em biologia, genética e anatomia humana. Erick amava espalhar aos quatro ventos que a esposa era doutora em biotecnologia pela Universidade Federal do Amazonas. Amava mais ainda a covinha na bochecha dela sempre que sorria.

Naquele dia, porém, o sorriso dela se encerrou e deu lugar a uma lágrima que Évelyn não sabia explicar. Ao terminar sua apresentação, pediu licença e foi para o banheiro da igreja chorar.

Sempre tivera o dom do pressentimento. Já tinha compartilhado com Erick a visão de um acidente, em que o via ensanguentado e com a perna direita quebrada, mas ele não dera atenção à esposa. O telefone de Évelyn tocou assim que ela se recolheu no banheiro — havia duas chamadas perdidas antes dessa. Ela mirou o identificador de chamadas. Tito Ribeiro. O parceiro e amigo de Erick que estava com ele na pescaria. Instantaneamente, imaginou que o pior acontecera com o marido e Évelyn estava certa.

Já se preparando, atendeu ao telefone.

— O que aconteceu, Tito?

— É melhor se sentar. A notícia não é das melhores.

Assim que Tito falou, Évelyn sentiu um arrepio percorrer sua espinha e uma tonelada afundar seu coração. Ainda não sabia exatamente o que a esperava, mas engoliu o choro e se preparou para encarnar o personagem que fosse. Ela protegeria a família a qualquer custo.

CAPÍTULO 3
A SUBIDA SEM VOLTA

O sol raiava e espelhava as águas do rio Urubu. Era o fatídico domingo de quinze de setembro. Um *September Day*[2]. Depois do café da manhã, a equipe reuniu dentro do bote as mochilas e a tralha de pesca e se preparou para partir.

— Vão com Deus, meninos. Voltem sempre, pois aqui é a casa de vocês também. Mandem lembranças à família! — disse a querida dona Valdeci.

— A gente volta no mês que vem, com certeza — respondeu Denis, sempre simpático.

Erick já esperava dentro do bote, ansioso para cumprir o cronograma e com o pensamento na antena que escalaria em breve. Ele tinha a chata (e elegante) mania de cumprir horários; poucas coisas o deixavam tão irritado quanto atrasos.

---

[2] *"September Day"* é um termo comum no meio cristão. Foi extraído da música "Where Were You (When the World Stopped Turning)", do cantor Allan Jackson (2002). A letra faz alusão à queda das Torres Gêmeas do World Trade Center, em Nova York, no dia 11 setembro de 2001. A expressão refere-se a episódios trágicos desde então.

O bote deixou a casa ribeirinha e seguiu rumo ao local onde eles haviam estacionado o carro. O percurso durou a mesma hora da vinda, porém, diferentemente agora, um silêncio ensurdecedor pairava no ar. Pela primeira vez em dez anos de amizade, as palavras sumiram entre eles, que permaneceram quietos. Tito abriu uma latinha de cerveja, acendeu um cigarro e, por força do hábito e por educação, ofereceu-o para Erick.

— Não, valeu. Vou saltar daqui a pouco e quero estar em pleno poder das minhas faculdades mentais — disse Erick, sorrindo. — Vou é acender o penúltimo Dunhill.

Ele e Tito tinham o costume de tomar cerveja logo pela manhã. Erick, especialmente, pois fazia disso uma rotina matinal — era sagrado para ele, logo após acordar, tomar uma dose de uísque dezoito anos. Não abria mão de seu Jack Daniel's e já tinha cumprido esse ritual poucas horas antes.

Ao chegarem à margem oeste do rio, eles desembarcaram as mochilas, os galões e as bagagens da pescaria. Despediram-se de Rodrigo com longos e calorosos abraços, agradeceram pela pescaria, pela hospitalidade e disseram que sentiriam saudades de estar com ele.

A equipe de pesca, seguindo rigorosamente seu ritual, entrou no carro e fez suas preces. Cada um à sua maneira, os três pediram a Deus que os guiassem e os protegessem no caminho de volta. Denis então deu a partida no motor 2.8 da s10. Erick foi no banco de trás, pois precisava checar o equipamento de *base jump* e se arrumar. Para fazer um *base*, ele usava caneleira, joelheira, tênis fechado, um par de luvas, um capacete com a câmera GoPro e, por dentro da luva esquerda, um anel de caveira. A superstição não o deixava saltar sem aquele anel. Ele tirava a aliança e dava lugar ao objeto que simbolizava a vitória sobre a morte. Ou a própria morte — só o tempo diria.

— Então, Denis, estaciona bem na entrada do Ramal do Muiracupuzinho que eu quero mostrar o que vocês vão fazer enquanto eu salto — disse Erick.

A muralha quadrada e as afiadas concertinas em espiral, que guarneciam o grosso portão de ferro, indicavam o local onde situava a antena. Indicavam, também, o óbvio: era proibida a entrada de pessoas não autorizadas. Erick não ligava para isso.

Quando eles estacionaram na entrada do Ramal, Erick lhes avisou do intento de pousar na rodovia. Caso ele fosse surpreendido por uma rajada de vento na proa, seria necessário que os amigos bloqueassem o tráfego. Erick fazia isso por simples cumprimento de protocolos de segurança; ele sabia que naquele local não ventava e sabia também que era muito raro passar algum carro.

— Pare o carro ali do lado do muro, por favor — pediu Erick ao amigo Denis. — Vou subir no carro para ficar numa altura mais próxima das concertinas. Jogo o equipamento para o outro lado e depois pulo o muro.

E assim fez. No meio do nada, em plena Floresta Amazônica, Erick atravessou para o lado oposto dos amigos, que perderam temporariamente o contato visual. Sozinho naquele quadrado, Erick olhou para cima e contemplou a real altitude da antena: cento e vinte metros, a altura aproximada de um prédio de trinta e seis andares. Colocou o capacete, os equipamentos dentro da mochila e começou a escalar a gigante estrutura de ferro, construída para algum fim que definitivamente não era a prática daquele esporte.

Antes que Erick terminasse o primeiro metro de subida, Denis gritou do outro lado:

— Erick? Vai com Deus, irmão! Não quer mesmo que eu vá junto?

— Não precisa. Segura as pontas aqui embaixo, vou subir e descer o mais rápido possível para gente ir ao aniversário do meu irmão.

— Beleza. Vai com Deus — falou Tito.

— Amém! — respondeu Erick, já a quatro metros de altura, focado na escalada.

O *base jump* é um esporte envolvido em certo misticismo. Independentemente do objeto do qual fosse saltar, Erick tinha na escalada um momento mágico: aproveitava para pensar e repensar tudo o que estivesse acontecendo em sua vida, fosse no trabalho, em casa ou em relacionamentos. Numa das últimas vezes em que subira numa antena, tinha acabado de saber que seria pai pela primeira vez, e chegou ao topo decidido a ser o melhor pai do universo. Ele falava sozinho durante as subidas. Mas, naquele dia, só quis ouvir o som gritante do silêncio que o rondava. Ele não queria conversa. Só pensava em como ficaria a sua família se acontecesse algo. Estava preocupado e com mau pressentimento, mas Erick nunca fora um cara religioso, desses que acreditam em presságios — muito menos de paralisar ou desistir de uma aventura por qualquer motivo que fosse.

Continuou subindo degrau a degrau, metro a metro. Chegando à metade do caminho, decidiu parar para descansar e tirar a camisa ensopada. Fazia trinta e seis graus naquela ensolarada manhã. Após os primeiros cinquenta metros, já estava exausto. Mesmo com o bom condicionamento físico e acostumado a subir em antenas de telefonia, naquele dia Erick suou e se cansou muito. Ficou um tempo parado ali e repensou se valia a pena completar a jornada. Era uma escalada solitária, extremamente cansativa e perigosa — pelo lado de fora da antena, sem nenhum equipamento de segurança.

Olhou para cima, avaliou a condição da estrutura de ferro, sentiu um leve vento a nordeste. Depois, olhou para os amigos lá embaixo, acenou para os dois e gritou:

— Vou espremer a camisa! Está ensopada de suor.

Que comentário desnecessário, pensou. Acontece que, pela primeira vez na vida, estava nervoso. Estava com medo de dar esse salto e sabia que esse sentimento, em tal esporte, era mortal. Então, imediatamente vestiu a camisa, beijou o anel, calçou as luvas e se pendurou na parte de fora da antena.

— Vou voltar a subir. Preciso vencer esse medo — falou para si, tentando se convencer de que era o certo a fazer.

CAPÍTULO 4

OS AMIGOS A POSTOS

— O Erick está meio que sem limite, Tocha — disse Denis.

— Mestre, semana passada, fui com ele em outra antena no interior. O cara simplesmente me pediu para deixar os faróis do carro acesos no local onde ele iria pousar. Oito horas da noite, e nós lá no escuro. Ele disse que estava entediado e queria desafiar a morte mais uma vez.

— Não acredito.

— Estou te falando. Sem limite total. Fiquei rezando, morrendo de medo. Se algo acontecesse, eu não saberia o que fazer. E ainda seria responsabilizado...

— Vamos trocar uma ideia com ele na volta para Manaus. Dizer para ele ser mais responsável. O mano tem uma menina de dez meses em casa, uma esposa jovem e bonita. Não tem por que se arriscar assim. Vou falar para ele continuar saltando só de paraquedas, parar com o *base jump*. É muito insano.

— E como você está, Mestre? Acha que a pescaria te ajudou? Te vi sorrindo gostoso na hora em que o tucunaré fisgou a sua isca.

— Passou mal no aprendizado, né, Tocha? — Denis sorriu, tirando sarro do amigo.

"Passar mal" era o código entre os amigos para dizer que tinham gostado muito de determinada coisa. Linguajar interno da equipe? Vai entender.

— Você merece, meu amigo. No final das contas, acho que nós deveríamos pescar todos os meses — disse Tito.

Ele sempre incentivava os amigos a pescar e era o fiel escudeiro de Erick, que nunca havia feito um *base jump* sem que Tito estivesse por perto.

Parte da incumbência dos dois, ao ficar no solo, era fazer boas imagens de vídeo e fotográficas do salto. Enquanto Denis filmava com o celular, Tito calibrava o zoom da Canon PowerShot 530.

— Vamos assumir nossas posições? — perguntou Denis.

— Vamos. O homem está uma máquina. A gente mal piscou e ele já subiu metade da antena. Ele me disse uma vez que gosta de curtir as paisagens e os silêncios que só o *base jump* proporciona. Deve ser o momento dele com Deus, por isso parou.

— Ou será que ele vai descer, voltar e decidir não saltar mais?

— Impossível. Ele nunca fez isso. O Erick Lira que eu conheço, amo e defendo jamais deixaria o medo vencer seu objetivo.

Então os dois seguiram para lados opostos e, com seus equipamentos eletrônicos, prepararam-se para registrar as imagens do salto no meio da Floresta Amazônica.

Que loucura, achei que seria só mais uma pescaria normal, pensou Denis.

Já Tito disse em voz baixa para si mesmo:

— Preciso aprender a usar o zoom dessa câmera nova. Ela tem uma imagem incrível. Certeza que o Erick vai amar as imagens que vou fazer. Mas vai ser última vez que faço isso... Não posso continuar sendo conivente com essas insanidades do meu amigo.

— Tito, o Erick chegou ao topo! Logo vai nos dar o sinal e abrir contagem regressiva! — gritou Denis do outro lado da rodovia. E sussurrou consigo: — Que Deus te proteja, meu amigo.

E Ele teria que proteger mais do que nunca.

CAPÍTULO 5
O SALTO MORTAL

Eram exatamente nove horas da manhã quando Erick chegou ao centésimo nono metro de altura da antena. Só conseguiu chegar até aí. Isso porque, nos onze metros restantes, não havia degraus para escalar. Aquele canto era o último posto da estrutura no qual ele poderia ficar em pé com algum conforto para vestir os equipamentos necessários ao salto.

Foi a segunda vez que parou para descansar e aproveitar a bela paisagem das copas das árvores. Era linda. Conforme ele suspeitara, não batia um vento sequer. O céu estava estático: azul como o mar e completamente sem nuvens. "Céu de brigadeiro", lembrou-se da expressão e ainda pensou: *O verão amazônico tem muito disso, mas ninguém mais no mundo todo tem o privilégio de estar onde eu estou agora, a honra de ter essa vista.*

De forma desajeitada e apertada, ele foi se arrumando. Após tirar e estender de qualquer jeito a camisa, foi tirando os materiais de dentro da mochila. Lá em cima, tirou o equipamento de *base jump*, que continha o velame Sabre de duzentos e sessenta pés e o capacete com a câmera GoPro acoplada.

Claro que aquilo tinha que ser filmado. Olhou e venerou o estimado amuleto da sorte: o anel de caveira.

Por um curto período de tempo ali, naquela altura, Erick resolveu parar tudo e simplesmente pensar. Olhou para a camisa encharcada que tinha o símbolo do seu time do coração — o São Paulo Futebol Clube — e mais uma vez tentou vencer o medo que sentia naquele dia. Lira já tinha saltado outras trinta e duas vezes, então se sentiu na obrigação de continuar. Resolveu se ajoelhar no triângulo da antena e fazer uma última oração. Em sua prece, apenas pediu ao Senhor dos Mundos que protegesse sua família e seus amigos se algo lhe acontecesse. Esqueceu-se de perguntar ao seu Deus se era realmente necessário aquele salto, mas era tarde demais. Erick vestiu sua camisa tricolor, checou e colocou o paraquedas nas costas, beijou o anel, calçou as luvas e gritou em alto e bom som para os amigos lá embaixo:

— Já, pessoal! Contagem regressiva!

Erick segurou com as duas mãos a barra de ferro acima de sua cabeça. Num único movimento, colocou as duas pernas para o lado de fora da antena e se apoiou em um espaço de dez centímetros. Segurando-se com uma das mãos, ficou completamente exposto ao céu, imerso num universo exclusivamente seu. Ali era o seu mundo. Não havia nada mais. Não havia ninguém mais. Não havia regras nem limites. Olhando para o ensolarado céu de setembro, disposto a vencer seus medos, Erick gritou:

— Só se vive uma vez! Vou fazer o trinta e três!

E saltou.

O *base jump* é um esporte com alto índice de mortalidade, porque, entre outras coisas, não admite plano B: ou o velame infla e se torna um paraquedas em dois segundos, ou você está diante de um grave problema — o tipo de problema que não se resolve usando um paraquedas reserva, pois não há um.

É completamente diferente de saltar de um avião, em que o atleta tem pelo menos sessenta segundos a mais para pensar no que fazer.

    O salto que Erick tanto temeu dar se mostrou mesmo desastroso e aterrorizante. Por um motivo — nunca esclarecido —, o paraquedas não abriu. Erick se viu envolto pelos tecidos do velame, em queda livre para o chão. Num dia, até então cercado de sinais não percebidos, a maior aventura de Erick estava chegando ao fim.

    Ele estava no meio do nada. O município mais perto ficava a quarenta quilômetros de distância. Os hospitais eram ainda mais distantes, na capital do estado. Foram seis segundos de queda livre até o chão. Segundos que pareceram uma eternidade. Neles, Erick percorreu cento e nove metros (um prédio de trinta e três andares), atingiu a velocidade de cento e noventa quilômetros, perdeu completamente os sentidos. Perdeu a visão e a consciência de tudo ao redor. Perdeu o principal: a esperança. Tudo se fora. Mergulhou no mundo do desconhecido, estava às portas de descobrir o maior mistério da humanidade. Estava à beira da morte! Aos trinta e três anos, aquele badalado e bem vivido homem encontrou seu fim.

CAPÍTULO 6
DE ONDE VIRÁ O SOCORRO?

— Ajudem aqui! — berrou Tito aos quatro ventos.
— Meu Deus, o Erick morreu... — Denis falou baixinho.
Os dois viram e filmaram o desastroso fato. Escutaram dois barulhos muito altos. O primeiro foi o da explosão pelo rompimento de um fio de alta tensão que o corpo de Erick atravessou. Mais tarde, souberam que o fio mudou a trajetória do corpo de Erick, fazendo com que ele caísse do lado de fora do muro que protegia a antena. Uma primeira ocorrência positiva nisso tudo. Com o rompimento, as pontas soltas, ao tocarem o chão de barro batido, causaram imediatamente dois focos de incêndio. O corpo de Erick ficou estendido entre ambos. Foi sorte seu corpo não ter sofrido queimadura alguma. Uma segunda ocorrência positiva nisso tudo. E, se aquele fio não estivesse localizado bem em cima do muro de proteção, seu corpo teria se dividido ao meio.

O segundo barulho ouvido pelos dois amigos foi ainda mais assustador. Foi um som seco que ecoou pelos céus e persiste na memória dos dois até os dias de hoje. Foi o som do corpo de Erick se encontrando com o chão. O amigo querido, o fiel escudeiro, o ouvinte assíduo e pai de família estava estendido em um chão sujo, o corpo ensopado de sangue e suor. Tito, mais rápido, foi o primeiro a ver a trágica e traumática cena de horror. Ao se ajoelhar ao lado do amigo, notou uma pequena lágrima escorrendo pelos fechados olhos de Erick, seu conselheiro.

Denis chegou logo em seguida. Tito já tirara sua camisa para abanar e fazer sombra para o amigo. Assim que o Mestre chegou, entendeu por que Tito chorava tanto. Assustado, falou por puro instinto e reflexo:

— Isso. Não vamos tocar nele. Podemos piorar a situação. Caramba! Olha isso... Meu Deus!

As pernas de Erick estavam completamente quebradas, mas foram o pé e o punho direito que fizeram Denis duvidar do que estava vendo: os ossos que se ligavam ao pé, esfarelado dentro do tênis, atravessavam a meia branca. O pé era um dos maiores pontos hemorrágicos que os olhos leigos detectavam. Já seu punho direito estava desfigurado e totalmente descaracterizado. O rádio, o semilunar e a ulna estavam expostos e os dedos da mão estavam despedaçados. O punho de Erick passava da altura do antebraço.

Tito falou:

— Rápido, Denis. Liga para o 190!

A polícia ajudaria?

— Estou tentando — respondeu Denis, sem se dar conta de que o número correto seria 192.

Por ironia do destino, e por mais improvável que pareça, não havia sinal debaixo da antena de telefonia para usar o moderno aparelho celular Galaxy s10. Não havia contato com a civilização. Eles estavam no meio do nada, sem ter a quem recorrer. Sem ter o que fazer. Seu melhor amigo estava estendido no chão, prestes a morrer. Tito se ajoelhou ao lado do amigo e, de forma decidida, repetiu palavras de ordem para penetrar no inconsciente de Erick:

— Você vai sair dessa. Você vai sair dessa. Você ainda vai ver sua filha crescer. Você ainda vai carregar a Agnes. Não desiste, cara. Você vai sair dessa. Pensa na tua filhinha crescendo e estando nos seus braços. Não desiste. Você vai sair dessa.

Na solidão da floresta, restou aos dois orar, rezar, implorar aos deuses da natureza e torcer para que qualquer ajuda aparecesse. Eles olhavam para os céus, para a estrada, para a antena, para o amigo. Porém nada acontecia. A única certeza que os dois tinham era que não descansariam até Erick acordar. Estavam dispostos a fazer o impossível acontecer.

— Ei, está vindo alguém, Denis! — gritou desesperadamente Tito, já acenando para o carro na estrada.

A ajuda pela qual eles tanto clamaram apareceu.

CAPÍTULO 7
O ERRADO QUE DEU CERTO

O dia amanheceu imponente e quente no pequeno município de Itacoatiara, com pouco mais de cem mil habitantes. Como em toda cidade pequena no Amazonas, a convivência entre os habitantes ali acontecia de forma bem saudável — e, ao que parecia, todos sabiam da vida de todos.

Na Cidade da Pedra Pintada, como é conhecida, não existia sistema particular de saúde. Ou seja, todo e qualquer cidadão que precisasse de atendimento médico só o encontraria no Sistema Único de Saúde.

Em meados do primeiro semestre, Maria dos Santos, com fortes dores abdominais, precisara ser atendida no posto médico. Como o único hospital da cidade não contava com a aparelhagem necessária para realizar exames mais meticulosos, dona Maria, de sessenta e quatro anos, foi encaminhada para a capital do estado. Já que se tratava de uma viagem de aproximadamente cinco horas, o governo disponibilizou uma ambulância para que ela fosse transportada com total segurança.

Ora, como as dores haviam se atenuado, dona Maria foi postergando a jornada semana após semana, até o mês de setembro.

Foi só na noite do dia catorze, um sábado, que ela arrumou a mala para a viagem.

Como a paciente se achava em responsabilidade do governo do estado, mesmo se tratando de uma viagem para a realização de exames, a ambulância devia contar com todos os aparatos de primeiros socorros: desfibriladores, injeções com adrenalina, maca de resgate, colar cervical etc. Na noite do sábado, o médico responsável achou por bem não remover a ambulância durante o período noturno.

Ficou decidido, então, que a saída da paciente com a equipe (motorista, enfermeira-chefe, enfermeira auxiliar) aconteceria no dia seguinte, pela manhã. Naquele fatídico e ensolarado domingo, às nove horas, o sr. Luiz, homem de meia-idade, olhos claros e cabelo cortado, deu a partida na ambulância rumo a Manaus.

A viagem transcorria de forma suave e tranquila. A enfermeira-chefe, Adriana, uma cristã que se orgulhava de ser reconhecida por estar sempre de bem com a vida, ia no banco do passageiro, com o vidro abaixado. Com o vento contra o rosto e cansada do plantão da noite anterior, pensava em tudo o que vira no trajeto à capital ao longo dos dez anos de carreira. Então, ao longe, avistou uma grande fumaça negra queimando ao lado de uma antena de telefonia.

— Deve ser curto-circuito nos fios velhos da antena — disse a Luiz. — Vamos seguir direto. O pessoal da companhia de energia deve consertar depois.

O bom motorista obedeceu à ordem e acelerou. Já perto do foco do incêndio, ele avistou um jovem alto, com a pele morena, cabelo raspado e expressão de pânico. Era Tito Ribeiro, que acenava desesperadamente pedindo ajuda.

— Melhor não parar, Adriana. Aqui tem muito assalto — disse o motorista.

— Para! — gritou Adriana ao divisar outro homem no meio da rodovia.

O motorista, habilidoso, conseguiu parar pouco antes de atingir Denis.

— Por favor, senhores! Pelo amor de Deus, salvem a vida do meu amigo! Ele caiu lá de cima e está no meio do fogo. Há chamas dos dois lados! Por favor, salvem a vida do meu amigo! — implorou Denis, aos prantos.

A enfermeira deu o comando para socorrer o acidentado. Uma terceira ocorrência positiva nisso tudo.

CAPÍTULO 8

RUMO À CIDADE DA PEDRA PINTADA

Ao chegar no local do acidente, a equipe médica se viu em apuros. O fogo dificultava a entrada da ambulância. Com uma habilidade peculiar, Luiz engatou a marcha a ré e foi entrando aos poucos entre as labaredas até chegar o mais perto possível do estático corpo de Erick.

De imediato, a enfermeira-chefe olhou para trás e falou à dona Maria:

— Desculpa, amiga. Não é desta vez que a senhora vai chegar à capital.

— Não tem problema. Ele precisa bem mais do que eu.

O trabalho de remoção do corpo politraumatizado não foi difícil para a equipe médica, com sua vasta experiência. No entanto, eles teriam que voltar para Itacoatiara, o local mais próximo onde encontrariam a estrutura necessária, ainda que escassa.

— Meninos — Adriana se dirigiu a Tito e Denis: —, acho difícil ele chegar lá vivo. De qualquer forma, um de vocês vem comigo e o outro vai em disparada na frente, rumo ao Hospital Regional José Mendes. Não tem como errar, é o único da cidade. Chegando lá, procure o doutor Michel, é quem está de plantão, e explique o que aconteceu e o estado em que ele se encontra.

Sem titubear, Denis correu para a s10. O ponteiro do veículo a diesel nunca desceu tão rápido. O industriário pisou no pedal da direita e em menos de trinta minutos estava no pronto-socorro. Entrou gritando que o conhecido Erick Lira tinha se acidentado e precisava de atendimento imediato. Nem sequer esperou pelo médico plantonista e já foi tirando um paciente de uma maca, dizendo que ia precisar dela. O terror e o pânico tomaram conta do posto de saúde. A modesta junta médica foi para a frente do prédio esperar a chegada da ambulância.

— Meu Deus, que demora é essa? — Denis se perguntava.

— Se ele está tão mal como você disse, talvez seja melhor se preparar para o pior e comunicar a família. Aqui na cidade só tem uma casa funerária — disse alguém.

— Idiota! Se não for ajudar, é melhor sair daqui — Denis replicou.

Enquanto isso, Tito, ao lado de Erick na ambulância, repetia seu mantra:

— Você vai sair dessa. Não desiste. Você vai sair dessa.

A van Mercedes não ia tão depressa quanto Tito gostaria, e ele imaginava, angustiado, o que falaria para Évelyn.

— Precisamos parar no acostamento, o coração dele está parando. Vou precisar aplicar uma injeção de adrenalina — disse a experiente enfermeira-chefe.

Ela estava decidida que naquele dia ninguém sob seus cuidados morreria.

Como diabos uma ambulância pode estar tão bem equipada numa estrada como esta?, pensou Tito. *Ele vai sobreviver, tenho certeza, ele vai sobreviver.*
— Pronto! — disse a auxiliar de enfermagem.
— Acelera, motorista! Não pare por nada! — Comandou Adriana.
Após quarenta e cinco minutos desde a partida, a ambulância estacionou em frente ao hospital. Sob um clima de suspense, estresse e incerteza, eles abriram as portas traseiras. O corpo de Erick estava irreconhecível, e havia bastante sangue escorrendo do lado direito.
Denis rapidamente se afastou para que a junta médica pudesse fazer seu trabalho. Ele foi até Tito e perguntou se tinha acontecido algo no caminho, e Tito lhe contou todo o processo.
— Cara, a gente precisa ligar para alguém — disse Tito.
— Calma. Vamos aguardar o prognóstico do médico. Eu já conversei com eles e falei de quem se tratava. Eles vão fazer todo o possível.
O prognóstico veio. O doutor responsável, então, se dirigiu aos dois amigos:
— Se estivéssemos em Manaus, conseguiríamos salvar a vida dele. Mas aqui não temos a aparelhagem, o material técnico nem os médicos especialistas. Lamento. Eu estabilizei o que foi possível, mas não tenho como fazer muito mais. Agora é esperar pelo pior e ligar para a família.
Denis e Tito se entreolharam com o semblante sério.
— Por que não o levamos para Manaus na ambulância? — perguntou Denis.
— Seriam cinco, seis horas de viagem... Isso o mataria. É tempo demais e espaço de menos — respondeu o médico.

Um maldito e ensurdecedor silêncio pairou no ar. Tito foi quem o quebrou em tom de tristeza:

— Eu tenho o número de todos da família dele. Eu ligo. — Cabisbaixo, já imaginava a dor de Évelyn.

CAPÍTULO 9
QUANDO O CELULAR VOLTA A FUNCIONAR

— Não, não... — disse Denis ao médico e a Tocha. — Só se ele for para Manaus voando? Beleza, então. Tive uma ideia.

Alguns meses antes, Erick, que era instrutor de paraquedismo, apresentara o esporte a Denis. Como a prática acontecia no Aeródromo de Flores, no aeroclube do estado, Denis tinha o contato de alguns donos de avião e helicóptero. Com isso em mente, ele perguntou ao Dr. Michel:

— Vocês têm serviço de transporte aéreo aqui no município?

— Infelizmente, não. Em casos de emergência, tentamos encaminhar o paciente de forma terrestre mesmo — respondeu ele, sem entender muito bem o motivo da pergunta.

— Não importa. Eu vou conseguir um avião para ele. Pode preparar as coisas e avisar a sua equipe que vocês vão de avião para capital.

— Impossível, Denis. Eu sei que vocês querem muito salvar a vida do seu amigo, mas a cidade nem tem aeroporto.

— Não interessa, doutor. Se for o caso, trazemos um avião de pequeno porte, um Cesnna 182, e pousamos na própria rodovia. O senhor não entende de quem se trata. Nós vamos até as últimas consequências para fazê-lo viver.

— Eu entendo. Bem, pode tentar à vontade, mas a minha opinião já foi dada. — O clínico geral terminou bruscamente o diálogo e saiu, sem dar muita importância ao que Mestre falara. Sabia que era impossível fazer uma aeronave pousar numa rodovia feita única e exclusivamente para carros.

Denis pegou o celular e ligou para o dono da escola de paraquedismo, Aurinm de Vargas, que tinha dois aviões para atender a SkyDive Amazonas. Eram os únicos capazes de pousar num local tão restrito. Denis contou o acontecido a Aurinm, que perguntou:

— Caramba, Denis! E ele ainda está vivo?! Você acha mesmo que vale o risco de levantar voo daqui?

— Chefe, ele está vivo. Mas não por muito tempo.

— Faz o seguinte, fiquem calmos. Eu vou resolver tudo aqui e ligo de volta dentro de dez minutos.

Após desligar o telefone, Denis e Tito permaneceram em silêncio. Não havia o que fazer nos próximos dez minutos, que sem dúvida pareciam dez anos. Ainda assim, a última ligação de Denis lhes dera esperança — algo que não sentiam desde a queda do amigo. Foi ele quem quebrou o silêncio dando o comando para Tito:

— Chegou a hora, irmão. Liga para a Évelyn. Ela precisa saber pela nossa boca o que aconteceu com o marido dela.

— Aviso aos pais também?

— Não. A nossa missão agora é com a Évelyn. Ela vai decidir a melhor forma de fazer o comunicado.

— Ele só tem trinta e três anos. Que maldade. Que droga essa situação toda — desabafou o esgotado escudeiro de Erick.

— Ninguém solta a mão de ninguém. A gente vai segurar essa barra juntos. É hora de lutar. O Erick de lá e nós daqui. Até o final.

— Vamos — respondeu Tocha, em tom de desânimo. — Só vamos.

Tito digitou o número de Évelyn, mas ela não atendeu. Então tentou ligar para o irmão de Erick, Elom, que também não atendeu. Resolveu tentar a esposa mais uma vez. Nada.

— Mas que droga! Ninguém atende a merda do telefone. Vou tentar o da Évelyn uma terceira vez, Denis. Se ela não atender, tento o número do pai dele.

Ela tinha que atender ao telefone.

CAPÍTULO 10

AS COISAS COMEÇAM A ACONTECER

Tito Ribeiro respirou fundo, pegou o celular no bolso e se sentou. Chegara a hora de dar a notícia à esposa do seu melhor amigo. Estava confiante de que agora, na terceira tentativa, ela atenderia. Ela tinha que atender. *Por Deus, ela vai atender e vai nos ajudar.* Tinha que dar certo! E finalmente ela atendeu:

— O que aconteceu, Tito?

— É melhor se sentar. A notícia não é das melhores.

— Vocês estão machucados?

— O Erick, sim. Ele está ferido e vai ter que voltar para Manaus.

— Está bem. Vocês estão a caminho? O carro bateu muito?

— Não. Estamos no pronto-socorro de Itacoatiara. Tivemos que trazê-lo para cá. Ele está com a perna e o braço quebrados. Não, o carro não bateu.

— Então venham de ambulância!

— Não dá. Évelyn, ele precisa ser removido de avião ou de helicóptero para a capital. E temos que fazer isso com urgência, na próxima hora.

— Tito, o que foi que realmente aconteceu? — perguntou Évelyn, impaciente com o rodeio que Tocha fazia para dar a notícia.

— Évelyn, ele foi fazer *base jump* de uma antena na entrada do Ramal, na estrada AM-010. O paraquedas não abriu. A gente não consegue dar muitos detalhes agora, mas o fato é esse e queríamos que você soubesse que estamos ao lado dele fazendo de tudo para mantê-lo vivo.

— Deixa de ser mentiroso, Tito. Se o Erick caiu de cima de uma antena sem paraquedas, não vai estar só com a perna e o braço quebrados. Me conta logo a verdade. Ele está vivo?

O silêncio pairou no meio da ligação. Tito dosava bem as palavras para não entrar em detalhes desnecessários com a esposa do amigo, para que ela não compartilhasse do mesmo medo e pânico que eles. Pensou em contar um milhão de mentiras para acalmá-la, mas entendeu que, naquela altura, elas seriam inúteis e completamente desmotivadoras. Ele optou pela verdade. Contou o que tinha acontecido, mesmo não tendo muitas informações técnicas do real estado de saúde de Erick.

— Entendi, Tito. Entendi. A culpa não é de vocês. E, realmente, agora não é hora de se desesperar. Não saiam do lado dele. Eu vou tentar ajudar daqui. Creio num Deus que é capaz de fazer milagres. E sei que o meu marido não morre hoje.

Aquelas palavras encheram os olhos de Tito de lágrimas, assim como o seu coração de esperanças. Ainda surpreso com a reação de Évelyn, desligou o telefone com uma certeza absurda de que tudo ia acabar bem. De que tudo ia se ajeitar.

Assim que desligou o telefone, a mulher orou pedindo a Deus que iluminasse e guiasse seus próximos passos. Ela não podia titubear. Era hora de lutar. Olhou o celular novamente e digitou o número do sogro. Era preciso informar e pedir ajuda ao pai de Erick. Ele não atendeu, porém, Josias estava na igreja Comunidade Viva, e àquele horário acontecia a pregação do pastor.

Évelyn permaneceu sentada e pensou na próxima ligação. Deveria avisar a sogra, evidentemente, mas para essa notificação seu plano era diferente: ia esperar o culto terminar e pedir ajuda da amada Tiazinha — como era conhecida Ana, irmã da mãe de Erick —, que frequentava a mesma igreja. Assim, resolveu abaixar a cabeça e pensar mais um pouco no próximo passo.

Seu telefone tocou. O visor mostrava "Anderson de Vargas". Era o filho de Aurinm, dono dos aviões. *Meu Deus, o que será agora?*, ela pensou.

— Oi, Anderson, bom dia.

— Você já está sabendo o que aconteceu, né?!

— Do acidente do Erick? Sim. Eu consigo ajudar de alguma forma?

— Era o que eu queria ouvir. Sim. Faz duas coisas: a primeira é, por favor, não se preocupar com nada. Eu e o pai já estamos equipando uma aeronave e vamos dar um jeito de buscá-lo nos próximos minutos.

Uma quarta ocorrência positiva nisso tudo.

Évelyn derrama uma lágrima e pensa consigo mesma: *Deus é muito bom.*

— Obrigada, amigo. Muito obrigada. E a segunda coisa?

— Consegue uma ambulância completamente equipada para ficar esperando ao lado da pista de pouso do Aeródromo de Flores. Nós vamos entrar com o avião em um dos hangares do aeroclube. A gente não sabe ao certo o estado dele, por isso, você precisa garantir que ele tenha toda a assistência necessária. Temos aqui um casal de paraquedistas que são médicos. Os dois já estão se preparando e se equipando para buscá-lo.

— Está bem. Deixa comigo. Você já falou com os meninos em Itacoatiara?

— Ainda não.

— Então, por favor, fala. Eles precisam e estão ansiosos por essa resposta.

— Claro. Eles que vão ajeitar tudo para o embarque.

— Anderson, muito obrigada. Qualquer coisa, me liga. E vai me atualizando por aqui.

Évelyn desligou o telefone e falou em voz baixa.

— Meu Deus, quantos milagres em tão pouco tempo! Obrigada, Senhor Amado.

Ela mal terminou de fazer o agradecimento quando seu telefone tocou novamente. Olhou o identificador de chamadas e leu: Mônica Melo. Ela era enfermeira e chefe de departamento na Secretaria Estadual de Saúde. Era amiga da família havia décadas. Todos tinham muito apreço por ela. Évelyn deslizou o dedo indicador para a direita e atendeu.

— Oi, Mônica.

— Oi, Évelyn. Já estás sabendo a respeito do Erick?

— Mais do que eu gostaria e menos do que preciso — tentou descontrair.

Mônica entendeu a necessidade de descontrair numa hora daquela. Mas ela precisava dar continuidade à séria e urgente ligação:

— Então, amiga, caiu aqui na minha unidade a remoção de um paciente chamado Erick Lira, que vai pousar no Aeródromo de Flores. Mas acidentes que envolvem traumas devem, obrigatoriamente, ser encaminhados para o HPS João Lúcio. Por mais que seja um hospital público, ele é muito bom. Porém, o estado de saúde do Erick é gravíssimo e o HPS está sem respirador mecânico disponível nas UTIS. Por isso a ligação. Preciso que você decida para qual hospital particular eu encaminho o Erick.

Uma quinta ocorrência positiva nisso tudo.

— Deus é muito bom! — falou Évelyn, sem conseguir se conter. — Mônica, eu estava orando sem saber a quem recorrer quando você ligou. Já até perdi a conta de quantos milagres aconteceram até aqui. Muito obrigada por isso. Pode encaminhar o Erick para o Hospital Santa Júlia, que é o mais perto de casa. Lá ele vai ser bem tratado.

— Beleza. Deixa comigo. Não te preocupa mais com isso. Vai falando com o restante da família dele, porque essa informação está vazando muito rápido e daqui a pouco a imprensa noticia.

Évelyn decidiu ligar de uma vez para Tiazinha. Ana era uma mulher de quarenta e cinco anos muito bem vividos. Era procuradora do Estado e exercia grande influência por onde passava. Erick e Évelyn eram apaixonados por ela, e ela por eles. O almoço aos domingos era sagrado na família. Évelyn sabia que Ana nunca desgrudava do celular; bastou uma mensagem: "Ana, vem aqui atrás rapidinho, estou na entrada do banheiro".

Ana chegou em dois minutos. Évelyn contou a situação para a amiga e imediatamente ofereceu o ombro para que ela chorasse.

— Meu Deus! Que tragédia. Já está na fase do impossível!

— Não, ainda não. Nem vai chegar nessa fase. Me ajude a contar para a tia Adelaide, porque não sei se ela vai ter estrutura para isso.

— A Adelaide está em São Paulo. Embarca para a Bulgária hoje. Vou ligar agora mesmo.

— Verdade! Tinha esquecido completamente. Então liga!

Ana e Adelaide eram irmãs muito próximas. Ana era a cabeça pensante da dupla, segundo Erick. Elas se conheciam tão bem que se comunicavam pelo olhar. Ana pegou o telefone e apertou a discagem rápida. Imediatamente, o visor do aparelho celular mostrou "Ligando para Dedé".

— Oi, Aninha. Já ia te ligar. Estou na fila do embarque. Malas despachadas, travesseiro de pescoço em mãos e já, já, com portas em automático. Hashtag partiu, Europa!

— Dedé, é melhor você sair da fila e se sentar.

— Como assim? O que houve?

— Dedé, você precisa voltar para Manaus agora.

CAPÍTULO 11
PELOS ARES

Tito e Denis estavam na sala de espera do José Mendes quando o contato da SkyDive Amazonas veio. Foi Anderson quem trouxe as notícias diretamente para o celular do Mestre:

— Seguinte, nós podemos equipar um Cesnna para buscar o Erick, mas só caberiam a maca, o piloto e um médico. Pelo que o pai me passou, o estado dele é gravíssimo, então seria muita imprudência fazer isso. O pai está fazendo contato com a CTA, eles têm uma UTI aérea, porém hoje é domingo e estão de folga.

— Putz, cara, que droga! Será que nada vai dar certo hoje?

— Bah! Te acalma. As coisas já estão se ajeitando. Tenha paciência e cuide dele. Vou precisar muito de vocês dois como base terrestre. Mantenham a cabeça no lugar.

Após desligar, Denis esbravejou meia dúzia de palavrões e na sequência tratou de se acalmar.

— O que ele disse, Denis?

De cabeça baixa e olhando de viés para Tito, Denis se limitou a dizer que ia dar tudo certo e que o pessoal estava dando um jeito.

Em Manaus, o aeroclube do estado e a área de paraquedismo, em especial, se mobilizavam. De forma espontânea e instantânea, as atividades e saltos pararam. Todos circundavam Aurinm em busca de informações e se prontificavam a ajudar no que fosse necessário. Eles queriam fazer parte daquilo. Um amigo querido estava lutando contra a morte.

Por força do destino, do universo ou do próprio Criador, achava-se na companhia de Aurinm, naquele dia, seu amigo Márcio Lordeiro, que era piloto de aeronave de asa fixa e já tinha trabalhado com remoção de acidentados.

Que sorte a nossa, pensou Big Boss. *Vai dar certo. Nós vamos trazer o garoto em segurança.*

A CTA Transportes Aéreos estava acostumada a transportar enfermos pelos ares da Amazônia, contudo, aquilo não estava programado. Era o dia de descanso da tripulação e do corpo médico. Márcio — amigo do chefe responsável pela operação — não quis nem saber: ligou diretamente para o proprietário da CTA, Sr. Claiton de Souza, para pedir ajuda.

Claiton estava no Mercado Municipal de Manaus comprando peixe para o almoço quando seu telefone tocou. Sorridente e simpático como sempre, ele atendeu no terceiro toque:

— Fala, Lordeiro! O que você manda neste domingão?

— Claiton, eu não vou mandar nada, vou implorar. Preciso de uma UTI aérea e preciso agora. Tem um garoto entre a vida e a morte em Itacoatiara.

— Amigo, eu dispensei toda a minha equipe hoje. Só tem o avião equipado em solo, mas não tenho como levantar voo. Lamento muito.

— É o suficiente. Você mesmo vai pilotar nessa missão de resgate. Deixa que o médico e a equipe a gente arranja aqui.

— Mas, mas, mas...

— Sem mas, Claiton. Vem do jeito que você estiver.
— Tá bom. Estou indo.

Claiton se virou para a família, que o acompanhava, e explicou rapidamente a situação. Ele não tinha detalhes, não tinha a ocorrência, não tinha plano de voo, não tinha a equipe de costume; tudo o que tinha era o pedido grave de Aurinm. Mas estava determinado a cumprir a missão pelo amigo. Encerrou o passeio dominical e, de bermuda e chinelo de dedo, rumou para o Aeródromo de Flores. Estaria dentro de seus hangares em quinze minutos.

Só espero que o Aurinm e o Márcio realmente providenciem tudo. Absolutamente tudo. E espero muito que eles saibam o que estão fazendo, pensou Claiton.

O dono dos Cesnnas estava numa luta ferrenha contra o tempo. Ele sabia que qualquer minuto a mais ou a menos poderia significar a vida ou a morte do amigo acidentado. No instante em que Erick se chocou contra o chão de barro batido, o tempo se tornou o grande inimigo de todas as pessoas envolvidas. Aurinm sabia disso e sentia a obrigação de tentar fazer o relógio passar a jogar a seu favor. Assim que desligou o telefone, começou a colocar em prática o plano que estava extremamente vivo em sua mente. Chamou o filho, que também era seu mais novo conselheiro, e Márcio Lordeiro.

— Anderson, o avião vai levantar voo custe o que custar. Mas precisamos mudar o foco da ajuda. Peça ao casal de médicos paraquedistas que providenciem todo o equipamento necessário.

— O Dani já está aqui. Ele está pronto para subir. E a esposa está trazendo o equipamento. O que mais o senhor precisa?

— Vá levando tudo para o hangar da CTA. O Claiton está chegando, ele quem vai pilotar. Avisem para o porteiro do turno que já falaram com ele.

— Eu sei quem é. O porteiro me conhece. Considere isso feito. O senhor, o que vai fazer?

— Eu vou dar um jeito de parar o tráfego aéreo no estado do Amazonas.

— Não entendi!

— A rota até Itacoatiara passa pela frente do aeroporto internacional. Até aí, tudo bem, porque UTIS aéreas têm prioridade; a questão é que a NOTAM interditou o que restava de aeroporto lá.

— Aurinm, vamos fazer contato com o Coronel Neilor. Ele está de plantão no SIVAM.

— Legal. Vou ligar e dizer que só precisamos da autorização para pousar e decolar na pista de lá. O resto, a gente providencia daqui — respondeu o empolgado Aurinm.

— Então está feito. Vamos em frente — falou Anderson, que saiu para avisar ao médico que ele estaria na próxima decolagem, mas, desta vez, não com paraquedas nas costas.

Aurinm pensou consigo o quanto Erick era abençoado. Tudo conspirara a seu favor. Por um breve momento, teve a certeza de que o amigo não morreria.

— Morrer, ele vai. Mas não hoje! Não agora — falou em voz baixa. — Não no meu turno.

Uma sexta ocorrência positiva nisso tudo.

O fato era que, em questão de poucos minutos, a ligação que Denis fizera para Aurinm resultara numa revolução na cidade de Manaus, especialmente nos setores médico, desportivo e de aviação. Tudo resolvido em menos de dez minutos. Uau. Agora a bola estava com os amigos em Itacoatiara. Era de conhecimento público que o município não tinha aeroporto, daí a incredulidade da junta médica na Cidade da Pedra Pintada. Só o que havia era uma pequena pista de pouso abandonada, em péssimas condições, resquício do que um dia funcionou como aeroporto.

Foi Anderson quem fez a ligação para Denis relatando os progressos na missão e delegando ao amigo a incumbência de providenciar a remoção de Erick do pronto-socorro até a dita "pista de pouso".

— Anderson, faz o avião chegar! Aqui a gente resolve o resto — disse Denis, com um lampejo de sorriso no rosto.

Talvez a esperança fosse mesmo a última a morrer.

CAPÍTULO 12
TREZE HORAS DE ESPERA PARA UM ÚLTIMO OLHAR

O Aeroporto Internacional de Guarulhos se tornou um local triste para Adelaide, pintado em tons mórbidos. Ela foi do céu ao inferno em poucos segundos. Cinquenta e oito, para ser exato. Foi a duração da ligação de Ana. Aninha deixara a irmã a par do que acontecera com uma única mensagem: "Pega o primeiro voo de volta para Manaus".

Dedé caiu em prantos e sentiu o chão sob seus pés desaparecer. Mas entendeu bem a mensagem. *Tenho que ser forte*, era a frase que repetia a si mesma. *Ele não vai desistir de lutar pela vida. Ele nunca abandonou uma batalha. E ele não tem só alguns amigos ajudando. Ele tem os melhores.*

Cancelar um voo internacional não é algo tão difícil. Mas fazê-lo com o bilhete em mãos, a bagagem despachada e estando na fila do embarque é quase impossível. Mas, venhamos e convenhamos, a palavra "impossível" perdera seu significado nas últimas horas. Adelaide sabia disso. Ela tinha a plena consciência de que veria algo miraculoso.

Após gritos, choros e discussões, ficou acertado que a bagagem despachada com destino à Bulgária seria desembarcada. Pronto. Dedé resolvera metade de seu dilema pessoal. Agora, precisava correr para o balcão de venda de passagem, a aproximadamente dois quilômetros de distância do embarque internacional. Mas, para ela, que tinha pressa, grandes volumes, anseios e um coração dilacerado, a distância parecia ser de dez quilômetros, no mínimo. Na metade do caminho, deu-se por vencida e decidiu parar um pouco. Resolveu fazer o que agora pensou que deveria ter sido a sua primeira reação ao receber a notícia: se ajoelhar e orar. Rogou ao Senhor dos Céus e da Terra que, por misericórdia, lhe permitisse ver o filho vivo. Entre pedidos e clamores, lembrou que podia comprar e emitir bilhetes de voos nacionais pelo próprio celular. Terminou a oração usando o nome do Redentor e crendo com todo o seu coração que seria atendida por Ele.

Dedé era extremamente ágil no manuseio do seu aparelho Samsung Galaxy s10. Em questão de minutos, achou o próximo voo para Manaus. Seria às onze horas da noite.

— Que droga. Serão longas e intermináveis treze horas de espera — falou para si mesma.

Sem muito o que fazer, conectou o carregador a uma tomada do aeroporto e fez do celular seu melhor amigo. Imediatamente, fez contato com Aninha. Implorou que ela, pelo amor de Deus, a mantivesse informada de tudo. A irmã então lhe trouxe aquela que poderia ser considerada a única boa notícia do momento:

— Dedé, os amigos dele aqui em Manaus conseguiram uma aeronave equipada com UTI. Agora, a bola está com a equipe de pesca dele, que se transformou em equipe de resgate, são os anjos de Deus! Segue orando daí.

CAPÍTULO 13
FESTA DE ANIVERSÁRIO CANCELADA

Com o rápido desenrolar da história, Évelyn havia se esquecido que uma parte vital — seu sogro — ainda não tinha atendido ao telefone e não sabia do ocorrido. Do jeito que as notícias estavam correndo, ela temia que a informação chegasse aos ouvidos de Josias de forma errada e abrupta. Não podia permitir que ele recebesse a informação errada, talvez dando Erick como morto em Itacoatiara. Precisava contar ela mesma. Ela conhecia o sogro. Pegou o celular e mais uma vez digitou o número do pai do marido.

Josias estranhou a quantidade de chamadas de Évelyn e resolveu pedir licença à esposa, saindo do salão de culto para atender ao telefone. Isso nunca tinha acontecido. Ele pressentiu o pior.

— Oi, Évelyn, bom dia. Desculpa não ter atendido antes, estou no Manauara Shopping, no culto da Comunidade Viva.

Sim, essa igreja se reúne no principal salão de eventos do principal shopping da cidade.

— Não tem problema, senhor Josias. Estou ligando para dar uma notícia e pedir ajuda.

Ela então relatou o que aconteceu, estava acontecendo e iria acontecer com Erick. Exaltou a ajuda de todos os paraquedistas nesse processo e disse que precisava muito de suas orações. Pediu também que ele comunicasse o fato à irmã e ao cunhado de Erick, que também estavam na igreja.

Porém, Carlos Cleuton, o marido de Adriana, após ver o sogro saindo do culto, já resolvera ir atrás dele para saber se estava tudo bem. Não estava. A primeira visão de Cleuton foi de Josias completamente pálido, procurando um pedaço de chão para sentar. Ele imediatamente correu em sua direção e escutou as palavras do sogro:

— Eu tenho um amigo que é pastor em Itacoatiara. Vou ligar para ele agora mesmo e pedir que vá ao hospital. O Carlos está aqui na minha frente, vou falar com ele para ir para o aeroclube esperar o corpo do Erick.

Cleuton arregalou os olhos sem acreditar no que acabara de ouvir.

— Tudo bem, senhor Josias. Obrigada. Mas, olha, o Erick está vivo. O corpo dele vai chegar aqui com vida.

— Isso que eu quis dizer. Desculpa. — E encerrou a ligação.

Assim que Josias desligou, relatou para o genro o ocorrido e mandou que ele imediatamente chamasse a filha e a esposa.

Josias era um senhor muito bem cuidado de sessenta e sete anos de idade, que tinha o hábito de manter os cabelos pretos como a cor de seus olhos. Desde que se casara pela segunda vez, havia mais de quinze anos, passara a se cuidar mais. Sua esposa tinha um alto índice de responsabilidade nesse quesito. Eles eram apaixonados, então não era raro ver um cuidando do outro. Neste domingo, seria a comemoração do aniversário do filho deles — em que Erick tinha se comprometido a estar presente. O pai de Erick tinha passado por uma situação parecida em 1997, quando fora alvejado por seis tiros em uma tentativa de assassinato, dos quais dois foram na cabeça. Desde então, Josias tocava a vida de uma forma diferente, lembrando sempre de buscar o seu Deus em primeiro lugar. Enquanto rememorava o drama vivido havia mais de vinte anos, Josias viu Cristiane e Adriana se aproximando. De forma muita séria, falou:

— O Erick se acidentou na estrada. Está entre a vida e a morte.

Assim que ouviu isso, Adriana desfaleceu. Ela e o irmão eram muito íntimos. Procurou os ombros do marido em busca de afago e consolo. Adriana tinha trinta e sete anos, três lindos filhos e um grande zelo com todos ao redor. Ela e Erick, com uma diferença de apenas quatro anos de idade, tinham tido uma infância e uma adolescência muito parecidas. Ela sabia de todos os passos do irmão e acreditava que a pescaria daquele final de semana seria apenas mais uma.

Josias relatou o que Évelyn tinha lhe informado. Os outros tinham tantas perguntas quanto ele. Pouco se sabia do real estado de saúde de Erick. No final das contas, foi a esposa de Josias quem quebrou o silêncio:

— Vamos aproveitar que a família vai estar reunida em casa para o aniversário do Josias Júnior e nos unir em oração. Não tenho dúvida de que estarmos juntos para orar é o que mais pode ajudar o Erick agora.

— Isso. Vai indo para casa, eu vou com o Cleuton para o aeroclube para receber o avião e ajudar a Évelyn na questão de transporte e de hospital.

— Josias — disse Cristiane —, a Évelyn tem a Agnes para cuidar. Ajude-a no que for preciso. Mas, antes, vamos orar aqui. O senhor, nosso Deus, vai na frente abrindo as portas.

Do lado de fora do anfiteatro que servia de salão de culto, o pequeno grupo entendeu que era necessário que algo sobrenatural acontecesse para Erick voltar vivo. De mão dadas, todos fecharam os olhos. Foi Cris quem começou a sincera e honesta oração. Daquelas que vêm do fundo do coração. Daquelas que Deus mais gosta. Sem ceras. Apenas um genuíno e real quebrantamento.

CAPÍTULO 14
ELES FIZERAM ACONTECER

Tito e Denis rasgaram o HPS José Mendes avisando aos gritos que a espera havia terminado. Era hora de embarcar Erick. O Dr. Michel de pronto relembrou aos dois que Erick não podia ser removido da cidade devido à longa estrada que os separava da capital. Denis decidiu que não perderia tempo, explicando os detalhes, e foi direto ao ponto:

— Ele não vai pela estrada. Nós conseguimos uma aeronave.

— Como assim conseguiram uma aeronave? É da CTA? — perguntou Michel, incrédulo.

— Sim! É uma UTI aérea. Já decolou de Manaus. O SIVAM autorizou o embarque e desembarque em uma extinta pista de pouso aqui no município. Agora preciso do Erick dentro da ambulância e pronto pra embarcar.

— Que loucura, mas que bom! Eu já fui médico de resgate na própria CTA. Sei como funciona o processo. Parabéns pra quem conseguiu falar com Claiton. Mas eu não tenho como ir para Manaus agora...

— Nem precisa. Há uma equipe médica na aeronave. Só preciso que o senhor encerre essa conversa e vá preparar o meu amigo. Chega de papo. — Denis imediatamente se dirigiu ao amigo Tito: — Você vai com ele no voo. Eu levo o carro. Não esqueça o combinado: ninguém vai abandonar ou soltar a mão de ninguém. Não larga a do Erick.

— Eu vou! E você, vá com cuidado. Não há pressa. Por favor, Denis. Precisamos de você bem. Volta com calma.

Passaram-se cinco minutos, a maca com o corpo de Erick surgiu de dentro da enfermaria. Adriana, a enfermeira-chefe, a guiava até a ambulância. No caminho, ela gritou aos dois amigos para que seguissem de carro a ambulância.

Com a sirene e o giroflex ligados, o comboio saiu em disparada do José Mendes rumo ao desconhecido local de pouso.

Dentro da S10, enquanto Tocha guiava, Mestre ia fazendo contato com a equipe em Manaus para relatar seus passos. Ele falava com Aurinm:

— Já estamos a caminho do... aeroporto.

— Ok. A aeronave decolou do Aeródromo de Flores há dez minutos. Em mais dez deve estar pousando em Itacoatiara.

— Perfeito. Deixa com a gente agora. Muito obrigado por tudo!

— Não tem o que agradecer. Não ainda. Apenas o façam chegar vivo aqui — disse Aurinm e desligou o telefone.

Tito então se espantou ao ver o comboio parar em frente a um portão de ferro trancado com correntes e cadeados.

Denis saiu do carro e correu para saber o que estava acontecendo.

— Temos que esperar o vigia que está com a chave abrir o portão para entrarmos — explicou Luiz, o motorista.

— Nunca na vida que vamos esperar! Eu vou arrombar essa merda custe o que custar. Se vocês não passarem por cima, eu passo com a S10!

— A gente tem um alicate que quebra as correntes, andamos com um para um eventual resgate. Mas não podemos usar pra isso...

— Eu me responsabilizo! Me dá o alicate que eu mesmo faço. Digam que eu roubei de vocês, e que se dane essa burocracia. É a vida do meu amigo que está em jogo! — vociferou Denis.

A equipe médica se deu conta da seriedade do Mestre e, notando a pistola em sua cintura, não ousou contrariá-lo. Em questão de segundos, o portão estava aberto, e a ambulância, na beira da pista, onde o avião já taxiava.

Todos se espantaram quando o piloto saiu da aeronave de bermuda e chinelos. Denis, porém, reconheceu o amigo paraquedista e médico — Dani Gama — e foi cumprimentá-lo:

— Não esperava ver você!

— Eu estava na área para saltar, e o Aurinm me falou do ocorrido. Como é domingo e o pessoal da CTA estava de folga, e eu era o único médico lá, já fui embarcando.

— Boa! É esse tipo de atitude que salva vidas. Obrigado por ter vindo!

— Só um de vocês dois pode vir junto. Nós já temos o piloto, o enfermeiro e eu. Conseguimos levar apenas um copiloto.

— É o Tito quem vai. Nós já combinamos.

Estava decidido. Não havia tempo a perder. O corpo de Erick foi enrolado em papel alumínio para se manter na temperatura correta. Dani checou o colar cervical duas vezes. Depois mais uma. Estavam todos nervosos. Antes de embarcar, Denis reforçou para Tocha:

— É hora de ser forte. Se prepara pra quando chegar lá.

— Deixa comigo, eu aguento a pressão que for.

E a pressão seria enorme.

Tito virou as costas e começou a embarcar, esquecendo de que morria de medo de altura. Que se danasse, lidaria com isso depois. Quando se sentou na poltrona ao lado do comandante, olhou pela janela e enxergou as lágrimas no rosto de Denis. Só aí caiu em si e se deu conta do que enfrentaria dali em diante. Percebeu que, na parte de trás da aeronave, o melhor amigo estava entubado e à beira da morte. Sabia que os próximos momentos seriam cruciais e infernais. E sabia também que não tinha escolha senão ser forte ao extremo, além de qualquer limite. Por um instante, Tito sentiu o peso do mundo inteiro sobre seus ombros. Sentiu que poderia ser o final trágico de uma amizade de longos anos. Seus pensamentos foram interrompidos pelo comandante:

— Aperta o cinto, amigo. Vamos decolar. Doutor Dani, estamos autorizados a levantar voo com destino ao Aeródromo de Flores.

O avião levantou voo na precária pista de decolagem de Itacoatiara. Denis, observando do solo, pedia a Deus que abençoasse o amigo. Ali, naquele instante, o Mestre sentiu uma certeza absurda de que o pescador sobreviveria. Pegou o celular e ligou para Aurinm:

— Pronto. O Erick está voando rumo a Manaus. Agora é com vocês.

Uma sétima ocorrência positiva nisso tudo.

CAPÍTULO 15

DE VOLTA ÀS AMADAS TERRAS BARÉS[3]

O espaço aéreo da capital do Amazonas estava parado. Nenhuma aeronave podia decolar ou pousar até que Erick estivesse seguro em solo manauara. E, enquanto a UTI da CTA se preparava para pousar no Aeródromo de Flores, a família dele, alguns paraquedistas, amigos e uma dúzia de curiosos já se encontravam no hangar médico, preparado para receber qualquer tipo de acidentado — mas que nunca havia recebido um com tantos ferimentos. Uma ambulância do governo do estado também se encontrava a postos para remover Erick para o Hospital Santa Júlia. Durante a interminável espera, alguns familiares aproveitaram para conversar entre si e se atualizarem.

— O que sabemos até agora, Évelyn? — perguntou Adriana, preocupada.

— Eu sei o mesmo que vocês. A única coisa que os meninos quiseram me dizer foi que ele estava com o braço e a perna

---

3 "Terras barés" refere-se à capital do Amazonas, Manaus.

quebrados. Mas não dá para acreditar que seja só isso. E não podemos condená-los. Eles estavam preocupados em trazer e manter o Erick vivo — respondeu Évelyn.

— Se ele estiver realmente mal, vamos tentar mandá-lo para São Paulo. O Hospital Israelita Albert Einstein já me salvou uma vez e pode ajudar o Erick também — disse Josias.

Enquanto eles conversavam e discutiam uma série de hipóteses vazias, o avião pousou e se dirigia para o hangar. Notando isso, Évelyn rapidamente encerrou a conversa:

— Seu Josias, o senhor pode recebê-los e ajudar os paraquedistas no hangar a tirar meu marido do avião?

— Você não vem também? — perguntou ele, preocupado.

— Vou esperar no carro, quero seguir a ambulância de perto.

— Tudo bem, então. Nos vemos no hospital.

Assim que a porta do avião abriu, uma pequena multidão se juntou para tirar o corpo desacordado de dentro. Com muito cuidado, destreza e agilidade, eles conseguiram fazê-lo. Erick estava irreconhecível. Muito inchado e envolto em papel alumínio, ele sangrava sem parar, por mais que a equipe tivesse tentado de todas as formas estancar o sangramento durante o voo. Foi um percurso extremamente exaustivo e desafiador para a equipe médica, que precisara operar em um espaço pequeno e a cinco mil pés de altitude.

O Dr. Dani, encharcado de suor e sangue, assim como o restante da tripulação, saiu do avião e dirigiu-se diretamente ao médico que esperava na ambulância. O trajeto durara apenas vinte minutos, mas que pareceram vinte anos.

Dani passou por Josias e pelos outros sem tomar conhecimento de suas existências — tinha coisa mais importante com que se preocupar agora. Sem rodeios, ele falou à equipe que assumiria a situação dali em diante:

— Tive que induzir o coma no paciente. Notei que, conforme a aeronave ganhava altitude, o coração dele ia parando. Então falei para o comandante manter um nível mais baixo do que o normal e fiz o cérebro do paciente parar de funcionar.

— Certo. Mais alguma ocorrência?

— Sim. O piso da aeronave está encharcado de sangue. As fraturas expostas no pé direito e no antebraço dele não param de sangrar. Avisa ao hospital que ele vai precisar urgentemente de bolsas de sangue e que provavelmente há hemorragia interna.

— Certo. Qual é o tipo sanguíneo?

— Como é que eu vou saber, doutor? Lá no hospital eles dão um jeito. Eu não esperava socorrer ninguém hoje, muito menos um amigo e irmão.

— Entendi. Deixe conosco agora. A cidade inteira está mobilizada para ajudá-lo. Certeza que vai dar tudo certo. Graças a Deus ele chegou vivo.

Uma oitava ocorrência positiva nisso tudo.

Antes mesmo que o diálogo entre os médicos terminasse, a maca com o corpo de Erick já estava dentro da ambulância. Quando esta se preparava para partir, Tito, sem perguntar a ninguém, sentou no banco do passageiro. É claro que ele iria junto. "Ninguém solta a mão de ninguém" fora o combinado em Itacoatiara. O condutor imediatamente disse que ele não poderia ir, porém Tito lhe mostrou o dedo do meio e disse que não sairia dali.

— Só pode ir um acompanhante, e a prioridade é da família. Melhor você sair. Por favor.

— Eu sei disso. Por isso estou aqui. Sou irmão dele. Liga logo esse motor e acelera para o hospital, porque nós não temos tempo de bater boca.

Não era hora de discutir mesmo.
— Ok. Põe o cinto. Vamos.

CAPÍTULO 16
A SALA VERMELHA

O Santa Júlia era um hospital particular de referência muito procurado pelo público que buscava evitar o Sistema Único de Saúde. Era o principal hospital da capital do Amazonas. Embora naquele domingo não houvesse muitos pacientes, quando vazara a notícia de que Erick Lira havia se acidentado em uma desastrosa aventura a duzentos e vinte quilômetros de Manaus e que estava a caminho desse hospital, o local imediatamente começou a receber uma enxurrada de telefonemas e visitantes. Erick era um cara querido. Um rapaz do bem. Em sua intensa e desregrada vida, sempre deixara boas lembranças por onde passara. Por isso se tornara tão quisto na sociedade local. A imprensa local, por sua vez, caçava qualquer furo de notícia.

A junta médica do hospital havia preparado tanto quanto possível. Visto que a única informação que tinha até o presente momento era de que se tratava de um paciente politraumatizado, a equipe de ortopedia se preparou para tudo. Era chefiada pela querida, jovem e bem-sucedida Dra. Erika Santoro, que era sinônimo de persistência e trabalho. Tinha mais cursos e especializações do que fazia supor sua pouca idade. Era a principal especialista em trauma ortopédico do estado. Além disso, era casada com o excelente e quisto Dr. Rafael Avelino, médico especialista em ombros. Naquele domingo, Erika aproveitava a folga para curtir o dia ensolarado com a família em um parque aquático nos arredores de Manaus. Ela era muito dedicada à família; amava cada segundo que passava com Maria, sua filha, e vivia cada fase da infância dela.

A ortopedista-chefe da traumatologia do Hospital Santa Júlia, assim que recebeu a notícia, coordenou a equipe por telefone. Ela também não tinha ideia da gravidade da situação.

Ao chegar ao HPS, Erick foi conduzido à sala vermelha, destinada a pacientes em estado grave. Pouquíssimas pessoas podiam entrar ali. E o pior: pouquíssimos pacientes saíam vivos dela. Os médicos se reuniram ao redor de Erick e concluíram que as equipes de Itacoatiara e da UTI aérea trabalharam muito bem. Agora eles precisavam estancar o sangramento, repor o sangue perdido (foram utilizadas seis bolsas), fazer os exames de imagem, estabilizá-lo e esperar. Pelo pior? Também. O cérebro estava danificado, era uma certeza. Mas eles precisavam de mais informações. Erika não sossegaria até saber de tudo. A família merecia uma satisfação, e os médicos foram atrás das respostas. Em questão de poucas horas, as acharam.

Fizeram um relatório completo dos danos e discutiram entre si se deveriam repassar os detalhes na íntegra para os familiares. Santoro foi quem tomou a decisão e deu a ordem pelo telefone:

— Meu Deus. Eu não imaginava que era tão grave assim. Claro que a família deve saber, mas somente a esposa. Ela quem decide tudo daqui para frente.

— Passamos o relatório com todos os danos que descobrimos? — perguntou alguém.

— Claro. Já tem algum neurologista acompanhando e laudando o diagnóstico?
— Não. Mas a doutora Drielle Sales, chefe da UTI, já está sabendo. Ela chega de viagem amanhã, e vamos levá-lo para lá hoje mesmo.
— Ótimo. Ela vai saber o que fazer. Pode dar a notícia à esposa e permitir que ela entre na sala vermelha. Ela precisa dar uma última olhada no marido.
— Tudo bem. Mais alguma coisa?
— Não. Eu vou ligar para os fornecedores de material hospitalar para não faltar nada. Daí estabilizamos e esperamos a neuro.

Erika desligou, sem se dar conta de que se esquecera de pedir um relatório por escrito das fraturas de Erick. Porém nem precisava. Em vinte segundos, ela o recebeu numa longa mensagem de texto. Leu e releu. Precisava pensar bem no que faria dali para frente. Ela se colocou no lugar da esposa e sentiu um aperto no coração. Não era hora de titubear. O tempo era inimigo. Rumou para o hospital com a roupa que estava mesmo.

— Dona Évelyn, a senhora pode me acompanhar, por favor? — chamou o médico responsável.
— Claro — respondeu ela, levantando-se do banco acolchoado na sala de espera e deixando Josias e os demais.
— Nós já sabemos o que houve com o Erick, vamos ter que interná-lo na UTI. Mas, antes disso, a senhora pode entrar na sala vermelha para vê-lo.

Eles entraram na dita sala. Havia pelo menos meia dúzia de médicos cirurgiões — desde um neurocirurgião até um clínico geral — analisando, medicando e estudando o caso de Erick. Todos tentavam entender e explicar como ele ainda estava vivo. Queriam poder ajudá-lo, mas naquele momento nada podiam fazer. Já sabiam que não adiantava investir fortunas em cirurgias. Quando Santoro chegasse, ela decidiria o próximo passo. Restava-lhes esperar. Évelyn olhou para cada um e perguntou:

— O que houve?

Outro médico entrou na sala com uma folha de papel A4 em mãos e leu para a esposa do homem em coma:

— O fêmur da perna esquerda quebrou em sete partes, mas as piores fraturas do Erick foram do lado direito. Braço, punho, joelho, tornozelo. Ele também quebrou cinco costelas, teve fissura na coluna cervical e politraumatismo craniano. Nós não estamos tão preocupados com a parte ortopédica. É o traumatismo craniano que está nos paralisando. Fica inviável para nós.

— Entendi. Obrigada. Obrigada por todo o trabalho e cuidado que vocês estão tendo com meu marido.

— Dona Évelyn, a senhora precisa assinar a autorização para ele se internar na UTI. Daqui para frente, todo e qualquer procedimento, remoção, alta ou exame só acontece com a sua autorização.

— Tudo bem. Vocês podem me dar só um minutinho com ele antes de levá-lo? Quero falar algo no ouvido dele.

— Claro. Fique à vontade.

Évelyn então se postou ao lado da maca e começou a acariciar as sobrancelhas do marido. Ela, que amava o formato delas, não se atentou para o fato de que era uma das únicas partes de seu corpo que estavam disponíveis e intactas. Então se abaixou e sussurrou ao pé do ouvido de Erick:

— Oi, amor. Está tudo bem. Fica tranquilo que nós vamos cuidar de tudo aqui. Já está tudo resolvido. Aproveita esse tempo, que é todo seu, para ficar sentado no colinho de Deus.

Conversem bem e se entendam de uma vez por todas. Não deixa de lutar, amor. Por favor. Deixa que daqui eu protejo você. Te amo. Até mais.

Ela se levantou e, decidida, liberou a internação na UTI e encarnou o papel de companheira de tal forma que até hoje os médicos se perguntam de onde veio tanta força. Seria a guardiã e protetora do pescador ferido.

Évelyn tinha certeza de que Erick sobreviveria. Confiava na medicina e na ciência. Confiava que o marido tinha todas as condições de lutar contra o que fosse para permanecer vivo. Ele era forte. E, acima de tudo, ela confiava no seu Deus. Nada fugiria dos planos d'Ele. Era hora de se apegar à força maior do universo. Aquilo iria terminar bem. Ela tinha de acreditar. Não tinha outra opção. Sua fé seria colocada à prova e ela estava disposta a pagar o preço. Era hora de lutar. Ela sabia bem que o que parecia ser o final era apenas o começo de uma grande e lendária história. Essa história teria um final feliz. Évelyn tinha certeza — eles teriam um final feliz!

Ao sair da sala, Évelyn foi dar a notícia aos ansiosos parentes. O hospital estava lotado de amigos, profissionais da imprensa, funcionários de Erick, paraquedistas, atiradores, irmãos de maçonaria e curiosos. No caminho, Évelyn se lembrou de quem mais precisava de um abraço. O único que sabia com detalhes o que acontecera. Que tinha as respostas. Ela foi atrás do melhor amigo de Erick. Do companheiro de pesca. Foi atrás de Tito Ribeiro.

CAPÍTULO 17
OS PERTENCES DE ERICK

A UTI do Santa Júlia ficava no quarto andar. Évelyn considerava aquele hospital acima da média no quesito tamanho. Eram cinco andares, e embaixo havia um saguão gigantesco onde funcionavam a recepção e uma pequena lanchonete. Ela olhava da sacada, sem conseguir identificar ninguém. Nunca tinha visto tanta gente.

De onde veio esse povo todo?, pensou.

Queria encontrar Tito em meio à multidão. Évelyn esquecera do celular havia tempos. Não estava com paciência para responder e atender a tantas chamadas. Ela então decidiu procurá-lo perto da sala vermelha. Acertou. Tocha estava lá, como um cão de guarda, perdido nos próprios pensamentos, olhando para o vazio, ainda atormentado pela cena que vira poucas horas antes. Conjecturava inúmeras versões que admitissem o fato de Erick estar vivo. De onde aparecera aquela ambulância toda equipada? Como o fio de alta tensão não explodira o corpo dele? Como ele não morrera? E o que seria dele agora? Tito presenciara o trabalho dentro da aeronave e da ambulância para manter Erick vivo. Ele ainda sentia o horrível odor de sangue impregnado no amigo. Suas mãos ainda estavam vermelhas. Ele as olhou e se deu conta de que ainda estava com a mesma roupa com que saíra do rio Urubu. Precisava trocá-la. Erick estava entregue aos cuidados médicos, vivo. Tito havia cumprido o combinado com Denis. Quando se virou para sair, deparou-se com Évelyn, que o observava havia vários minutos.

— Me dá um abraço, Tito.

Eles se abraçaram. Nenhum dos dois resistiu: choraram.

— Me desculpa, Évelyn. Por favor. Perdoa a gente.

— Vocês não têm culpa de nada, Tito. A escolha de levar o equipamento, de subir naquela antena, de insistir no *base jump* foi toda dele. Tu conheces o Erick tão bem quanto eu. Nada o faria desistir de saltar.

— Mesmo assim. Sei lá. A gente devia ter tentado.

— Pare. Não se culpe. Onde está o Denis?

— Ele está trazendo o carro. Alguém tinha que vir dirigindo.

— Como assim? O Denis deve estar destruído emocionalmente e esgotado fisicamente. Que loucura deixá-lo vir sozinho!

— Eu sei. Mas não tínhamos escolha. Eu pedi... na verdade, mandei que ele me ligasse assim que tivesse sinal de celular. Na primeira parada, ele já me ligou para saber do Erick. Já falei com ele. Ele costuma dirigir devagar.

— Graças a Deus.

— Toma essas coisas, Évelyn. Preciso te entregar, antes que eu perca.

O fiel escudeiro de Erick entregou à mulher a carteira contendo duzentos e quarenta reais, a mochila com roupas de pesca e a aliança do amigo — aliança que saíra do anelar esquerdo para dar lugar ao amuleto da sorte. Tocha explicou para Évelyn o ritual de Erick. *Superstição idiota*, pensou ela.

Évelyn olhou por alguns segundos para a aliança e

lembrou-se de sua felicidade no dia do casamento. Lembrou-se também do marido sorrindo e se divertindo com Agnes no colo. Uma nostalgia que veio e passou rapidamente. Ela não podia perder o foco.

— Cadê o celular dele?

— Ele perdeu na pescaria. Ainda mergulhou para procurar, levou a máscara de mergulho e tudo, mas já era noite.

— Não acredito nisso. Ele deve ter guardado em algum lugar. Você já procurou em tudo?

— Estou falando. Ele perdeu o celular na primeira noite. Foi uma pescaria em que tudo deu errado. Tudo.

— Tito, você tem certeza que esse celular não está contigo? Eu sei que deve ter milhões de segredos nele e sei que só você tem a senha. Prometo que não vou brigar contigo. Me diz onde está o celular dele.

— Évelyn, por que eu mentiria para você a essa altura do campeonato? O celular dele está no fundo do rio Urubu. Eu juro.

— Tudo bem. Desculpa. Agora me conta: o que foi que aconteceu nesse fatídico e interminável dia de hoje?

Tocha relatou o que a equipe de pesca passara. Falou tudo. Desde a hora em que acordaram até o presente momento. Escolhia bem as palavras. Sabia da vida pregressa do amigo e sempre guardara seus segredos. E, sim, sabia das imagens e trocas de mensagens que havia no celular. Por sua vez, Évelyn, sempre muito perspicaz, sentiu que o escudeiro de Erick as guardaria para sempre e concluiu que não era hora de tentar arrancar qualquer tipo de informação de Tito.

— Vai descansar, amigo. Você já viu e viveu muita coisa por hoje. Tu és responsável direto pelo meu marido ainda estar vivo. Você já cumpriu a sua missão. Ele está entregue. Vai para casa.

— Me desculpa. Me desculpa mesmo, por tudo.

— Você não tem culpa. Descansa teu coração. Deus vai fazer algo muito grande com essa situação toda.

— Tomara... tomara. Eu queria ter toda essa fé e confiança que você tem demonstrado desde que te liguei. Mas me fala de você... Tu vais ficar a madrugada aqui?

— Vou. Já pedi à mamãe e à minha irmã para elas ficarem com a Agnes.

— Está bem, então. Qualquer coisa, me liga. Por favor. Não tem problema de horário. Vai me mantendo informado.

— Você também. Assim que o Denis chegar na cidade, me avisa. Fico preocupada com ele.

— Combinado.

Tito despediu-se com um abraço. Ele a considerava sua cunhada. "Ela é casada com meu irmão", dizia. Sabia que dali em diante o peso que estava sobre seus ombros passaria aos ombros dela. E ele não podia fazer nada. Não mais. Contudo, não sentia nenhum alívio com essa transferência de fardo. Agora, era ela quem decidiria o ir e vir de Erick. Mas, naquele momento, mais uma vez, Tito sentiu muita confiança na esposa do amigo. Ela ia dar conta do recado. Enfrentaria quem fosse e o que fosse para que as coisas fluíssem da melhor forma. Era hora de sair de cena, de se juntar ao último integrante da equipe de pesca, Denis, e acompanhar à distância o desfecho dessa tragédia. Ele vai sobreviver. "Ele vai sair dessa", repetia Tito para si mesmo.

CAPÍTULO 18
QUASE TODOS EM MANAUS

Quando Évelyn saiu da sala vermelha, recebeu uma pulseira que lhe dava livre acesso às áreas de leitos e UTI. No Santa Júlia, a UTI era compartilhada, o que significava que o paciente não ficava completamente isolado do mundo, podendo ter sempre um acompanhante. É claro que naquela primeira madrugada seria Évelyn a cuidar do estático paraquedista. Ele não apresentava reação alguma. Não mexia nada. E não esboçava qualquer tipo de expressão facial quando ela lhe sussurrava qualquer coisa. Era uma cena difícil de ver, especialmente porque seu corpo estava completamente inchado.

  Évelyn se dirigiu a uma sala reservada aos familiares e amigos do paciente. Lá estavam seu sogro, sua cunhada Adriana e alguns outros — mais chegados que irmãos. Ao entrar, ela comunicou que, ao menos até a sogra chegar a Manaus, ela permaneceria no hospital. Nesse horário, a sogra já devia ter embarcado. Évelyn tentou imaginar a angústia e o aperto que Adelaide devia estar sentindo dentro do avião. Era desumano uma mãe passar por essa situação, uma completa inversão de papéis. Os pais não são feitos para enterrar os filhos. De qualquer forma, Adelaide estaria bem amparada em Manaus. Aninha, sua irmã, estaria ao seu lado. Era Elom, irmão de Erick, quem a buscaria no aeroporto, então Évelyn tinha de manter o cunhado bem informado, porque sabia que a sogra o encheria de perguntas. Ela foi conversar com ele no canto da sala.

Elom era o mais novo dos quatro irmãos do primeiro casamento. Ele tinha uma grande admiração por Erick e sempre seguia seus passos. Mesmo a distância, tinha em Erick sua inspiração e seu ídolo. Ele jamais imaginara que veria seu herói estendido, praticamente morto. Elom caía no choro sempre que, sem querer, imaginava o pior. Quando a cunhada o chamou para conversar, ele se sentiu orgulhoso. *Finalmente vou poder ajudar com alguma coisa*, pensou. E de fato iria. Buscar Adelaide e lhe prestar informações claras para tranquilizá-la era um grande feito. Assim, quando ela chegasse ao hospital, Évelyn não precisaria separar tanto tempo para lhe explicar as coisas.

— Mas você vai ficar aqui sozinha? E se acontecer alguma coisa com ele? — perguntou Elom.

— Vai em paz. Não vai acontecer nada. O médico já falou que ele está estável. Em estado gravíssimo, mas estável.

— Esse gravíssimo que me perturba. Eles têm que salvar a vida do cara. Operar, tratar, fazer cirurgia ou qualquer outra coisa. Sei lá.

— Elom, no estado do Erick, seria só gastar tempo, energia e dinheiro. Depois das primeiras setenta e duas horas, eles vão considerar fazer uma cirurgia para limpar e estabilizar a fratura exposta. Temos que orar para ele não desistir de lutar, permanecer com o coração batendo até lá.

— Pelo amor de Deus. Três dias de agonia? Daqui a quatro dias, é o aniversário dele. Não vou nem comentar isso com a mamãe. Me arrepio só de imaginar.

— Pois é. Você já tem as informações necessárias e suficientes que ela precisa saber. Administre-as com sabedoria e dose bem as palavras.

— Está bem.

Elom se despediu e olhou para o relógio, que indicava que o horário de chegada da mãe estava bem próximo. Precisava se apressar. Ele se dirigiu para o estacionamento do hospital e, ao entrar no Nissan Versa, perguntou a si mesmo se teria cabeça para aguentar as próximas setenta e duas horas. Mais importante, imaginou qual seria a reação da mãe. Elom e Adelaide sempre foram muito próximos e muito ligados. Ele era o filho do coração dela. No caminho para o aeroporto, Elom foi ensaiando milhares de formas de receber a mãe. Sabia que não podia demonstrar fraqueza. Não naquele dia. Não nessa ocasião.

— Tenho que demonstrar força. Ela precisa de mim — repetia para tentar se convencer.

Ele não conseguiu.

Ao chegar à área de desembarque do aeroporto, ele se deu conta do atraso. Adelaide estava saindo pelo portão com a bagagem que deveria estar na Bulgária. A distância, ela viu o filho caçula em prantos e correu para abraçá-lo, caindo no choro também.

— Ele morreu, Elom?

— Não, mãe. Não morreu. Ainda não.

— Me leva para o hospital agora.

— Vamos deixar as bagagens na sua casa, antes?

— Não. Direto para o hospital.

Eles entraram no carro e, como previsto, Adelaide fez todo tipo de pergunta para o filho. A verdade é que Elom não sabia nem metade das respostas. Por mais que tivesse ensaiado e treinado com a cunhada esse momento, ele simplesmente não lembrava de mais nada. Adelaide entendeu que não deveria se estressar com aquilo. Decidiu fazer apenas mais uma pergunta:

— Esse carro pode andar mais rápido que isso? — indagou ironicamente, tentando acalentar o coração do filho mais novo.

Ele finalmente conseguiu esboçar um sorriso.

— Pode. Pode, sim. Segura aí!

Eles chegaram em dez minutos. Adelaide enfim se encontrava no hospital. Agora o problema era outro. Ela avisou na recepção que era mãe de Erick. Évelyn se preparou para recebê-la.

CAPÍTULO 19
A NOTÍCIA ATRAVESSA O CONTINENTE

Algumas horas antes

Praticamente a família inteira de Erick já sabia do trágico acidente. Visto que a grande maioria morava na capital do Amazonas, o hospital se tornara o ponto de encontro naquela fatídica noite de setembro. Mas existia uma integrante que estava bem longe. Em outro país. Outro continente. Alessandra, a irmã mais velha de Erick, morava nos Estados Unidos. Ela e Erick se amavam muito e, mesmo com um continente inteiro entre eles, tinham uma harmonia gostosa de ver. Alessandra era mãe de adoráveis quatro filhos e casada com um íntegro e honesto pastor naturalizado americano.

A família voltava da igreja naquele domingo quando Tchan — era o apelido de Alessandra — soube da notícia. Ela custou a acreditar, pois esperava que Erick estivesse em mais uma simples e rotineira pescaria de final de semana. Ela soube da pior forma: em um grupo qualquer de WhatsApp, leu a mensagem

"Meu filho Erick acaba de sofrer um acidente de paraquedas. Parece que ele saltou de uma antena, e o paraquedas não abriu".
— Meu Deus, amor! Pare o carro! — gritou para o marido.
— O que houve? Calma, amor.
— Parece que o Erick morreu — disse ela, já aos prantos.

Alessandra, que havia sido influenciada, liderada e acompanhada por Erick, tinha em seu currículo de vida o feito de um salto duplo de paraquedas, imaginou na mesma hora que o acidente fora na prática desse esporte. Não lhe passou pela cabeça que tivesse sido no *base jump*. Ela imediatamente começou uma busca frenética por informações. Ligou para todos os integrantes da família. Nenhum atendia. Pensou que poderiam estar todos envolvidos no processo do velório. O acidente já tinha acontecido havia horas, porém, Alessandra não tinha o costume de usar o celular aos domingos. Que infelicidade a dela. De qualquer forma, depois de frustradas tentativas para conseguir notícias reais, recebeu a ligação de Tiazinha. *Graças a Deus*, pensou.

— Oi, tia. Me conta tudo. O que aconteceu com o Erick? Por favor, me diz que ele está bem.
— Oi, Tchan. Não, ele não está bem. Está em coma e lutando com todas as forças para permanecer vivo.
— Como foi que isso aconteceu? Meu Deus, ele está vivo! — disse Alessandra para acalmar a família.

Ana contou para Alessandra o que tinha acontecido. Àquela altura, ela já tinha informações reais e contundentes. Falou das intercorrências na ambulância e na UTI aérea. Falou também que a mãe estava a caminho do hospital. Tinha cancelado a viagem à Bulgária. Falou que o pai estava no Santa Júlia, caso fosse necessária alguma interferência financeira. Contou tudo para Alessandra. Foi uma conversa longa e tranquilizadora. Tiazinha dosava bem palavras, porque sabia que ela e Erick eram muito próximos.

— Mas, tia, me diz o que você acha. Ele sai dessa?

— Difícil dizer, querida. Você sabe que o Erick é muito forte e tem uma intensa vontade de viver, né?

— Sei. E é por causa dessa vontade que está deitado numa cama de hospital, quase morto. Ele e essa mania de ficar desafiando a morte. Papo de que "só se vive uma vez".

— Tchan, agora só o que podemos fazer é orar. Deus tem agido até aqui, e se o Erick ainda está vivo é porque algo grandioso pode acontecer. A Évelyn está no comando. E ela falou para a gente que o marido dela não morre mais. Não hoje. Não essa semana. Eu acredito nela — disse Ana em tom de desabafo.

— Entendi. Eu também creio. Vou para casa agora. Estou com a família e, assim que chegarmos lá, vamos orar pelo Erick e procurar o próximo voo para Manaus. No mais tardar, amanhã à noite estarei aí. Vou falar com meu chefe. Avisa a Évelyn que não vou ligar para ela para não atrapalhar, mas que permaneça forte. Estou chegando para ajudar.

Alessandra encerrou a ligação, fechou os olhos e abaixou a cabeça. O marido e os filhos respeitaram o silêncio que pairou no ar. Então a levantou, abriu os olhos e disse:

— Em nome de Jesus, amém.

Ela esboçou um sorriso, olhou para eles e pediu para voltarem para casa. Tinha um voo internacional para pegar. Não havia tempo a perder.

CAPÍTULO 20
ELE NÃO MORRE HOJE

Adelaide chegou ao hospital sem querer muita conversa com nenhuma das centenas de pessoas dentro e fora do enorme saguão principal. Ela se fez a mesma pergunta que Évelyn: de onde tinha aparecido tanta gente?

Prestes a descer, Évelyn concluiu sabiamente que não era hora de ser vista por aquela multidão. Por isso, voltou ao quarto andar e procurou o responsável pela UTI, falando de forma categórica:

— É o seguinte, doutor, eu não tenho a mínima condição de descer e enfrentar aquele conglomerado. É impossível atender e explicar para cada um em que pé estamos... Me ajude, por favor.

— Mas por que você quer descer?

— A mãe do Erick chegou de viagem agora, veio do aeroporto direto para cá. Ela precisa ver o filho antes de ele entrar no centro cirúrgico, mas eu não tenho como fazer a troca de acompanhante com ela.

— Deixa comigo. Vou ligar para a recepção.

Resolvido. Adelaide estava autorizada a subir ao andar de UTIS. Entrou no elevador e apertou o número quatro. Pensava em muitas coisas, especialmente em como o filho sempre fora sorridente e alegre. Dedé sempre foi muito ansiosa, tinha o hábito de se preocupar. Era o jeito dela. No entanto, quando entrou no Santa Júlia, sentiu um alento no coração que até hoje não sabe explicar. Antes de entrar no carro de Elom, ela tinha ligado para o apóstolo de sua igreja pedindo orações, e ele lhe transmitira palavras de refrigério. Ela estava confiante de que o melhor aconteceria. Saiu do elevador e deu de encontro com Évelyn.

— Oi, tia Adelaide.

Elas se abraçaram por um longo período. Nenhuma chorou. Foi um abraço repleto de confiança, firmeza emocional e espiritual.

— Vá ver o seu filho. Só não se assuste, pois ele está irreconhecível, tia — disse Évelyn.

— Ele está vivo. Ele não morre mais — falou Adelaide, parafraseando a nora.

Quando uma mãe vê um filho estendido numa cama, é uma situação no mínimo inusitada. Para isso, ela estava preparada; o longo voo lhe servira de preparação. O que Adelaide não esperava era ver Erick irreconhecível, inchado, sem sua amada barba de lenhador, entubado. Ali, Adelaide desmontou. Ela tinha fé de que o filho sobreviveria, mas começou a pensar em que circunstâncias isso aconteceria. Ao lado da cama, em silêncio, chorou amargamente — um choro sincero de quem sabia que dinheiro nenhum no mundo poderia resolver a situação em que se encontrava sua família.

Ela ainda limpava o rosto molhado de lágrimas quando uma equipe de maqueiro, enfermeiros e técnicos entrou no leito cinco da UTI. Eles tinham um dever a cumprir e não podiam ser atrasados por longas despedidas.

— Senhora, nós precisamos levá-lo. Pode nos dar licença? — disse o maqueiro.

— Claro. Desculpa. Mas vão levá-lo para onde?

— A senhora pode perguntar para a esposa dele. Ela pode lhe informar melhor. Agora, nós temos que levá-lo porque o médico já está na sala de cirurgia. Só estávamos aguardando a senhora.

Adelaide acenou positivamente e abriu caminho para eles. Ela acompanhou o trajeto até avistar a nora no balcão de enfermagem. As duas se abraçaram e viram o filho e marido sumir no corredor que dava acesso às salas de cirurgia. Oraram silenciosamente e decidiram confiar que Erick voltaria. Que voltaria logo. Decidiram acreditar com todas as forças que ele voltaria vivo.

— Hoje ele não morre mais.

CAPÍTULO 21
A PRIMEIRA CIRURGIA

— Me conta, Évelyn, o que foi que aconteceu? Eu sei de tudo até a chegada no hospital. Aninha e Elom me atualizaram. Mas, desde que ele deu entrada aqui, não sei mais nada — disse Adelaide.

— Vamos lá. O Erick chegou aqui sem ninguém saber a verdadeira situação dele. De Itacoatiara, ele veio com algumas poucas tomografias, que ajudaram a detectar algumas fraturas. E já sabemos do principal, que é o traumatismo craniano.

— Meu Deus.

— Mas calma. O que o está deixando assim é também a parte ortopédica. Por mais que tenha sido a menos priorizada.

— Como assim?

— O que foi detectado a olho nu é a deformidade na coxa esquerda e a lesão no tornozelo direito, que está exposto e sangrando. É nisso que vão mexer agora: vão abrir de uma vez para lavar, avaliar o dano e colocar os fixadores externos na parte do tornozelo.

— Entendi. E quem é o doutor responsável?

— Doutora. É mulher. A ortopedista responsável é a doutora Erika Santoro. Ela é fantástica. Além de muito competente, tem tato e sabe lidar com pessoas.

— Ela é quem vai operar agora?

— Não. Ela passou a bola para o doutor Marcelo Breves e sua equipe. Ele é o especialista. Ele estava em casa e ela o chamou, mas é ela quem está coordenando tudo, mesmo à distância. Ela transmite muita confiança e bate na mesma tecla que eu falei: não dá para fazer muita coisa nas primeiras setenta e duas horas, por causa do traumatismo craniano. Essa ala da UTI em que estamos é a ala neurológica. É disso que vai depender o futuro dele.

— Entendi. E quem é o neurologista que está cuidando dele. Ele é bom? Você o conhece?

— É uma mulher também. É a chefe da UTI, e não, ela não é boa. Ela é a melhor, até onde eu sei. Ela chega de viagem essa madrugada. No mais tardar, amanhã à tarde ela assume o caso do Erick e analisa como está essa cabeça dura dele.

— Não fala assim do bichinho! — disse Adelaide, lembrando do quanto gostava de paparicar o filho.

Évelyn sorriu.

— Venha. Vou lhe mostrar onde estão todos da família. Reservaram uma sala especial para as pessoas mais próximas. A gente não tinha a menor condição de ficar lá embaixo, no meio da multidão. E eles não podem ficar no mesmo andar das UTIs, porque com certeza iriam invadir o quarto do Erick — disse Évelyn, mostrando o caminho para a sogra.

Ao entrar na sala, o olhar de Adelaide foi direto para Aninha, que estava ao lado de Adriana. As duas finalmente se viram e se consolaram. As últimas doze horas foram intensas e com um misto de emoções, mas Aninha e Adelaide se conheciam tão bem, que não precisaram dizer uma palavra. Apenas se olharam e deixaram as lágrimas escorrer. Foi um momento marcante e inesquecível para elas. Adriana interrompeu o momento para abraçar a mãe. Todos sabiam quão próximos eram os irmãos, então Adelaide a abraçou e tentou consolar a filha.

— Oi, mãe. Que bom que você chegou. Que bom que você veio!

— Que situação. Que coisa triste — falou Adelaide.

A mãe do pescador finalmente olhou em volta e cumprimentou a todos com acenos. Mas, quando viu Josias e Cristiane, foi em direção ao ex-marido para lhe abraçar. Ela obviamente o conhecia muito bem e percebeu o abatimento no semblante do empresário. Ele estava com pinta de quem não havia comido nada o dia inteiro, os olhos vermelhos. *De chorar?*, pensou Adelaide.

— Oi, Adelaide. Me falaram que você estava embarcando para a Europa. Que bom que conseguiram te avisar a tempo! — disse Josias.

— Pois é. Peguei o primeiro voo para Manaus.

Enquanto eles conversavam, Évelyn pediu licença e comunicou a todos o que estava acontecendo com Erick e a qual cirurgia ele estava sendo submetido:

— Nesse primeiro momento, vão analisar a real situação ortopédica do lado direito do Erick. Vão colocar os fixadores externos nele.

— Vai demorar para a cirurgia terminar? — perguntou o ansioso Elom.

— Então, assim que a ortopedista-chefe soube do acidente, já foi se movimentando para fazer as coisas acontecerem. Inclusive, os fixadores estão aqui porque ela pediu assim que foi informada. E ela estava de folga.

— Mas vai demorar para terminar? — Elom insistiu.

— Esse tipo de cirurgia não costuma demorar. A não ser que haja alguma intercorrência, em no máximo duas horas devemos receber notícias.

Eles esperaram por cinco horas e dez minutos.

Depois desse tempo, a porta se abriu e entrou um médico trajando roupas cirúrgicas. Era o Dr. Marcelo.

— A dona Évelyn está aqui? — perguntou.

— Sim. Sou eu.

— A senhora pode me acompanhar, por favor?

Ela se levantou e saiu da sala com o bom médico. Um silêncio sepulcral reinou entre os familiares.

CAPÍTULO 22
O SANGRAMENTO É ESTANCADO

— A cirurgia, de forma geral, foi boa — disse o Dr. Marcelo para Évelyn. — Nós lavamos o que tinha para lavar e estancamos de uma vez por todas o sangramento do tornozelo. Fraturas expostas como essa são muito raras. As sequelas certamente vão impactá-lo. Ele perdeu uma parte do osso medial.
— Ele vai voltar a andar?
— Muito difícil. Pelo que vimos do tornozelo, pode até ser. Nós fixamos as fraturas pelo lado de fora, mas ainda não paramos para avaliar a deformidade na coxa esquerda. Pensamos que não é hora de fazer tantas cirurgias devido ao traumatismo craniano. Vamos esperar o aval da neurologista para operá-lo novamente.
— O senhor quem vai coordenar isso?
— Não, não — disse ele com bom humor. — Eu estava em casa descansando. É domingo. Estava até dormindo. Só vim porque a doutora Erika me ligou e me mandou vir com urgência para ajudar o ortopedista plantonista. Assim que saí do centro cirúrgico, há dez minutos, liguei para ela e dei o mesmo relato que estou lhe dando.

— Uau! É impressionante o cuidado que vocês todos estão tendo com meu marido. E a doutora Erika, então? Tem acompanhado de uma forma tão amorosa, que parece que foi alguém da família dela que se acidentou.

— A doutora Erika é uma querida mesmo. E está completamente empenhada no caso do seu marido. Ela que está liderando a parte ortopédica. Pode confiar nela.

— Já confio.

— Dona Évelyn, eu vou indo. A parte ortopédica foi estabilizada. Pelo menos o que era urgente. Amanhã a Erika te dará mais informações e te explicará os próximos passos. Agora, você precisa descansar. Ele já está no leito da UTI.

— Esboçou alguma reação?

— Não. Permanece em coma profundo e imóvel. A expressão facial dele mudou um pouco. É como se estivesse sentindo muita dor.

— É ele lutando para permanecer vivo.

— Quem sabe, né? Até agora, ele está vencendo essa luta. Eu vou indo. Tenha uma boa noite. Qualquer coisa, os técnicos e enfermeiros estão aqui. Não hesite em chamar. Precisamos de você bem. Amanhã será um longo dia.

— Está bem, doutor. Muito obrigada!

Eles se despediram, e Évelyn voltou à sala de espera para contar aos outros o que acabara de ouvir. *Lá vem mais um milhão de perguntas*, pensou. E acertou. Assim que abriu a porta, elas começaram:

— Como ele está?

— O que aconteceu?

— Ele já saiu do centro cirúrgico?

— Acordou?

— Está em coma ainda?

— Daqui para amanhã, ele opera novamente?

Évelyn tentava responder a tudo, mas, já sem muita paciência, deixou o cansaço que a dominava transparecer para que lhe dessem um pouco de paz. Tiazinha foi a única que percebeu o sinal e imediatamente falou:

— Pessoal, vamos? A Évelyn precisa descansar um pouco. Precisa dormir e já é madrugada. Ela precisa estar bem amanhã, sem contar que ainda tem um mundo de pessoas lá embaixo para a gente atualizar com as notícias.

— Isso, Tiazinha. Explica para o pessoal em que pé estamos aqui. Só, por favor, não fale nada à imprensa. Vamos deixar entre nós. Nada de declarações ou entrevistas oficiais.

— Claro. Fica tranquila. E descansa. Vamos, pessoal?

Dessa vez, eles a ouviram. Levantaram e foram, um a um, despedir de Évelyn. Falavam coisas boas. Transmitiam-lhe palavras de conforto e encorajamento. Tentaram de todas as formas fornecer força para a esposa do homem que, em seu lugar, provavelmente não teria a mesma segurança e agilidade que ela demonstrava.

Ao se ver sozinha na sala reservada, Évelyn finalmente pôde ter um momento de sossego e de reflexão. Ela sabia que, dali em diante, momentos assim seriam raros. Sabia também que seria a responsável direta pelas decisões de vida ou morte do marido. Enquanto pensava nisso tudo, ela se lembrou do seu maior bem e ligou para a mãe com o objetivo de saber da pequena e doce Agnes. Ela atendeu no terceiro toque.

— Oi, minha filha — disse Sheylla, com a voz sonolenta. — Como está o Erick? E como você está?

— Oi, mãe. Erick está na mesma. E eu também. O pessoal aqui já foi. Foram atualizar a multidão e acho que daqui vão para casa. Mas eu liguei para saber do meu pacotinho lindo. Que saudade da minha filha! Como ela está? Dormiu fácil?

— Você acredita que ela só dormiu quando a coloquei na cama de vocês? Ela foi engatinhando até o travesseiro do Erick e ficou pertinho dele. Foi uma cena tão linda e tão triste. Só fiquei imaginando vocês aí. Depois, ela se esparramou e dormiu no meio da cama.

Évelyn sentiu um aperto no coração e um nó na garganta. Nunca foi sentimental, mas a imagem daquela cena, com a lembrança do marido irreconhecível e desfigurado, a fez derramar uma lágrima.

— Minha filha não pode crescer sem o pai. E não vai — falou confiante.

— Isso, minha filha. Deus é por nós. Creia n'Ele e descanse na vontade d'Ele.

— Amém. Obrigada por toda a ajuda, mãe. A senhora vem ao hospital amanhã?

— Não. Não mesmo. Não faço a mínima questão de ver o Erick desse jeito. Pode deixar que eu ajudo ficando com a Agnes. Tua irmã e teu cunhado estarão aqui também. Se precisar, eles podem levar roupa ou qualquer outra coisa que você precise.

— Está bem. Dá um beijo na Agnes. Amanhã dou um jeito de passar aí, estou com muita saudade. Agora vou lá para o leito e me ajeitar para dormir.

— Boa noite, filha. Deus te abençoe.

Évelyn se levantou e tomou o rumo do elevador para se dirigir ao andar que seria sua nova moradia — um leito de UTI com o marido em coma. *Quem diria*, pensou. Chegando ao quarto andar, foi conversar com a equipe de enfermagem e descobriu que o marido agora era um número: 1802. Ela se apresentou, disse que estaria orando por eles e foi para o leito do marido.

Estava exausta. Ficou ao lado dele segurando sua mão esquerda e acariciando suas sobrancelhas. Constatou a expressão de dor relatada pelo médico.

— Oh, meu amor... Você tem lutado, né? Imagino que esteja doendo muito mesmo, mas fica tranquilo, a gente está resolvendo e tomando conta de tudo aqui.

A mulher falava como se Erick estivesse ouvindo. E não estava? Ela não quis pensar nisso agora. Precisava dormir um pouco. Tinha sido um domingo e tanto. Um quinze de setembro que certamente marcaria sua vida. Deitou, fechou os olhos e fez suas orações. Não como de costume. Não do jeito que sempre fazia. Desta vez foi diferente, pois a razão do pedido principal se achava deitada bem próxima em uma condição que ela nunca poderia ter imaginado. Orou pelo marido, pela filha, pelos médicos, agradeceu o acolhimento, agradeceu os milagres, foi orando, orando, orando e pegou no sono no meio da oração. Precisava daquilo. Precisava dormir. E dormiu.

CAPÍTULO 23

UMA CONVERSA COM PRIMOS

Assim que o sol raiou na cidade de Manaus, o barulho do tráfego de carros começou em frente ao hospital. O povo agia como de costume, afinal, era uma segunda-feira de expediente normal. No hospital, a troca de turno acontecera às seis horas da manhã. A equipe da noite, sabendo que a esposa do paraquedista estava cansada e precisava dormir, não a acordou ao fim do turno.

Não adiantou muita coisa, porque às seis e quinze ela se levantou no susto. Assim que acordou, deu-se conta de que dormira no meio da oração. *Mas e daí? Nunca vi um Pai ficar chateado porque o filho dormiu enquanto conversava no seu colo*, pensou Évelyn.

Imediatamente, olhou para o lado para checar se a frequência cardíaca do marido permanecia estável, se ele permanecia imóvel e se o relatório de presença dos enfermeiros tinha sido atualizado durante a madrugada.

— É. Medicaram o Erick a madrugada inteira e não me acordaram nenhuma vez... — lamentou consigo mesma — Tudo bem.

Aquela manhã seria tão conturbada quanto o dia anterior. No domingo, tinha acontecido tudo aquilo com o Erick — mas, nesta manhã, os inimigos seriam outros. Como ela lidaria com o que viria pela frente? Sua primeira atitude foi ir até o posto de enfermagem para conhecer a equipe do período matutino e vespertino.

— Oi, dona Évelyn. Sabemos quem a senhora é. Estamos a par da situação. Não quisemos acordá-la porque sabemos como é exaustivo todo esse processo — disse a enfermeira responsável.

— Tudo bem. Mas podem me acordar sempre que entrarem lá. Quero acompanhar.

— Combinado. A senhora não deve estar lembrada de mim, mas fui sua aluna na faculdade de enfermagem. No curso de anatomia humana.

De fato, Évelyn não fazia ideia de quem fosse. Ela ministrara cursos para milhares de universitários na área da saúde e biologia. Era difícil lembrar de todos, mas ela amava quando aparecia alguém dizendo ser seu ex-aluno.

— Que bom. Pelo menos eu sei que da anatomia do meu marido você vai cuidar bem! — disse com bom humor.

A enfermeira sorriu e perguntou sobre algumas coisas que não tinha entendido quando recebera o plantão. A principal era sobre o fato de alguém ter caído do topo de uma antena e ainda estar vivo. Évelyn tentou explicar em termos espirituais e médicos, mas logo percebeu que simplesmente não havia uma explicação óbvia.

Ela sentiu o celular vibrar. Era um primo de Erick ligando. *Que estranho, não são nem seis e meia e já estão perturbando*, pensou. Mas atendeu ao telefone.

— Oi, Cláudio.

— Oi, Évelyn. Estamos aqui embaixo. Eu e Isabel trouxemos café da manhã para você. Desce aqui.

— Poxa, muito obrigada. Nem lembro a última vez que comi.
— Imaginamos. Por isso viemos.
— Mas alguém tem que ficar com o Erick... Fica complicado tomar café aí embaixo com vocês.
— Vem. Você fica com a Isabel e eu te substituo. Fico com ele.

Ela concordou e avisou aos enfermeiros que estaria lá embaixo tomando um café.

Quando Évelyn chegou ao enorme saguão principal, já deu de cara com o casal de amigos. Cumprimentou-os com um caloroso abraço. Sentiu muita sinceridade e afeto na atitude dos dois — eles não precisavam fazer aquilo, mas estavam fazendo mesmo assim. Cláudio já estava com a etiqueta que lhe daria acesso às partes restritas do hospital colada na camisa.

— Já vou subindo. Qual é o andar e o leito? — perguntou.
— Quarto andar, leito cinco.
— Beleza. E, ó, fica à vontade. Fica o tempo que quiser. Eu tomo conta dele.
— Obrigada — respondeu Évelyn, já dando uma mordida no pão.

Enquanto Cláudio entrava no elevador, as duas amigas foram até a pequena lanchonete. Era simples, aconchegante, e tinha três mesas pequenas com quatro cadeiras cada — todas desocupadas, visto que ainda era cedo. Isabel foi quem escolheu a do canto, onde teriam mais privacidade para conversar e ainda poderiam sentir o cheiro do café expresso sendo feito.

— Me conta como você está, Évelyn — disse Isabel.
— Não sei dizer ao certo. Mas estou um caco. Acho que a ficha não caiu. Foi muita coisa ao mesmo tempo. Eu estava solando na igreja e de repente o mundo desabou em mim. Fui dormir de madrugada e procurei não pensar em nada, mas nem tive tempo de não pensar: deitei e dormi quase que imediatamente.

— Imagino. Eu, no seu lugar, não saberia o que fazer. Estou te achando muito forte. Aliás, o comentário geral é esse. Estão todos te achando muito forte. Muito decidida. E você está muito certa em manter essa postura.

— Eu amo uma música cujo refrão é a frase do meu perfil no WhatsApp, que diz basicamente isso que tu me falaste.

— Diz o quê?

— Diz que "pode cair o mundo, estou em paz".

— Amém. Amém, amiga.

As duas continuaram conversando sem se atentar ao horário. Évelyn terminou seu café da manhã e aproveitou para pedir um suco de laranja na cantina. Elas falaram sobre Erick, falaram sobre Cláudio, falaram de como a vida estava trazendo surpresas nos últimos meses. Passaram mais de uma hora naquele bate-papo, até Isabel se lembrar o motivo da visita.

— Évelyn, já vai dar oito horas, tenho que ir para o trabalho. Você precisa de alguma coisa? O Cláudio pode ficar com o Erick.

Évelyn se assustou quando ouviu o horário.

— Não, imagina. Você já me ajudou muito vindo aqui. E eu estava com muita fome. Vou subir e já falo para o Cláudio descer. Voltar para o meu posto.

Elas se despediram com um demorado abraço, e Isabel, contendo-se para não chorar na frente da amiga, disse que estava à disposição para ajudar em qualquer eventualidade. Pediu a Évelyn que lhe mantivesse informada e foi para o saguão esperar pelo marido.

Évelyn aproveitou para ligar para sua mãe, queria notícias de Agnes. Queria saber como estavam as coisas. Ela se preocupava com tudo. Nunca tinha passado tanto tempo longe da filha. *E só está no começo*, pensou. Depois de falar com a mãe, tomou o elevador e apertou o número quatro para reassumir sua posição. Ao sair, notou como o hospital era frio, especialmente aquela ala.

— Meu Deus, que geladeira! Como vocês aguentam? — brincou com os enfermeiros de plantão.

— A gente anda cheio de agasalho aqui — respondeu sua ex-aluna, sorrindo.

— Alguma novidade?

— Sim. A ortopedista-chefe chegou já faz um tempinho. Ela está no leito com ele.

— Poxa, mas por que vocês não me chamaram?

— Ela falou que não era para te incomodar. Falei que a senhora tinha passado a madrugada aqui e estava tomando café. Ela achou melhor analisar o Erick sozinha. Ainda está lá.

— Tudo bem. Vou falar com ela. É a doutora Erika Santoro, né?

— A própria.

Évelyn então se dirigiu ao leito do marido para conhecer, acompanhar e agradecer o trabalho que a chefe, especialista e referência em trauma ortopédico, vinha realizando. Nesse momento, Évelyn pensou em mil coisas. As perguntas que faria para a doutora seriam muito importantes. Precisaria saber de tudo. Conhecedora da anatomia humana, estava prevendo o pior diante das deformidades ósseas do esposo. Mas era perda de tempo imaginar o que quer que fosse agora: era hora de voltar a ser a mesma mulher forte que todos viram e conheceram. *Vamos em frente, custe o que custar,* pensou.

Então Évelyn percorreu a curta caminhada do balcão de enfermagem ao novo quarto do marido. Meio sem jeito e desconfortável com o fato de ele estar de fraldas — ele odiaria saber disso —, saudou a lendária doutora ortopedista.

— Oi, doutora. Bom dia. Que bom lhe ver logo cedo aqui. Nós nos falamos pelo telefone.

— Oi! Você deve ser a esposa dele. Évelyn, né?

— Sim. Sou eu. Desculpe não ter lhe recebido aqui. Eu estava lá embaixo.

— Para com isso. Relaxa. Eu precisava dar uma olhada nele sozinha mesmo. Mas agora vem aqui que preciso muito te dar um abraço.

Elas se abraçaram. Évelyn não entendeu muito bem o motivo, mas achou melhor não perguntar. Ficou com medo do abraço anteceder uma notícia ruim.

— Que mulher forte você é! De verdade. Meus parabéns. Não deve estar sendo fácil para você — falou a médica em tom de pergunta.

Évelyn entendeu.

— É uma força que vem dos céus. Não dá para entender mesmo. E acho que nem para explicar. — Esboçou um sorriso. — Mas me conta, doutora, qual é a real situação do Erick?

— Não temos muito o que fazer. Sem o aval da Drielle, a neurologista-chefe, é perigoso abri-lo. O traumatismo craniano nos impede muito. E, a bem da verdade, não conseguimos saber nada de concreto antes de completar setenta e duas horas.

Em três dias, seria o aniversário dele. Caramba!

— Esse inchaço é muito relativo — disse a médica.

— Quando viram as costelas quebradas, imaginaram que algum órgão pudesse ter sido atingido, mas não. — Évelyn baixou a cabeça e respirou fundo. Ela sabia o que queria perguntar, mas pela primeira vez titubeou. Teve medo da resposta. Mas quer saber? Ela era a responsável pelo marido e tinha que saber de uma vez. Tomou coragem, levantou a cabeça e indagou: — O Erick volta a andar? Ele conseguirá voltar a mexer o lado direito?

A médica também respirou fundo para responder. Sabia que precisava de delicadeza nesse momento, difícil para qualquer esposa.

— Então, Évelyn, pelo que olhei das radiografias e a olho nu, tenho que concordar com o Marcelo, que viu e operou o tornozelo dele. Não. O Erick não volta a andar. E, se voltar, é bem depois de dois anos. Quanto ao lado esquerdo dele, vai depender da parte neurológica. Mas também acho difícil.

— Então a vida dele vai mudar completamente.

— Vai sim.

— Ele não vai aguentar ficar preso em uma cadeira de rodas! Isso se ele acordar em poder das faculdades mentais.

— Não é hora de se preocupar com isso. São questões que vamos resolver daqui a três dias. Não adianta especular agora.

— Por quê?

— Évelyn, nós não sabemos nem se ele vai acordar. O estado dele é gravíssimo. Abrir os olhos já vai ser um verdadeiro milagre. Então, não se preocupe com a parte ortopédica. Preocupe-se em clamar ao seu Deus para trazê-lo de volta à vida.

A mente de Évelyn começou a ser martelada com a frase que Aninha dissera no dia anterior, ao receber a notícia: "Já está na fase do impossível".

Talvez ela estivesse certa.

CAPÍTULO 24
ANDAR, NÃO PODE MAIS

O corpo médico do hospital — e de todo o estado do Amazonas, na verdade — tinha ciência de dois fatos: o primeiro era a gravidade do estado de Erick, que teria raríssimas chances de despertar do coma em condições saudáveis. Era uma infelicidade que o pobre homem não merecia. O segundo fato era que ele seria acompanhado pela renomada médica Drielle Sales, que deveria chegar de viagem nas próximas horas.

Tão logo a Dra. Erika saiu do leito do paciente, a esposa do paciente 1802 se perguntou qual seria sua próxima ação. Recapitulou rapidamente o que já tinha acontecido e de modo silencioso agradeceu por ter tido acesso a tanta informação e cuidado em tão pouco tempo. *Finalmente o Erick vai usar e abusar do seu plano de saúde prime*, pensou, sorrindo de canto de boca. Algum técnico de enfermagem interrompeu esses pensamentos para informar que tinha alguém importante no saguão que fazia muita questão de falar com ela.

— Importante é o meu marido. E ele não está podendo falar comigo — ironizou Évelyn.

— Eu sei, dona Évelyn. Eu me expressei mal. Desculpe. O assunto que é muito importante.

— Tudo bem. Já vou descer.

Évelyn foi ao saguão por curiosidade, visto que qualquer assunto de real importância partiria de algum familiar, especialmente de Josias, que ainda não tinha chegado ao hospital naquela manhã. *Ainda é bem cedo*, ela pensou. *Quem será que traz notícia importante a essa hora da manhã?*

Assim que Évelyn chegou ao saguão principal, a recepcionista apontou para o visitante e falou seu nome. Era um nome difícil, que ela certamente esqueceria dali a cinco minutos. Então, faria a conversa durar três.

— Oi, minha cunhada! Antes de qualquer coisa, quero dizer que lamento muito a tragédia que aconteceu com o meu irmão Lira.

"Cunhada?", Évelyn realmente não raciocinava rápido naquela hora do dia.

— Eu sou da Grande Secretaria de Hospitalaria na Grande Loja Maçônica do Amazonas.

Ah sim, a maçonaria. Nem me lembrava disso, pensou Évelyn.

— Obrigada pelos pêsames. Erick de fato tem um carinho enorme por vocês. Mas, até onde sei, o mandato de Venerável Mestre dele acabou no mês passado. Ele cumpriu os dois anos.

— Sim. Cumpriu, e cumpriu com excelência. Ele foi um grande líder e um ótimo Venerável.

— Legal. Obrigada por ter vindo.

— Então, dona Évelyn, o motivo principal da minha vinda é informar que o irmão Erick é um contribuinte assíduo do auxílio funeral, que, aliás, foi criado na gestão dele. O que quer dizer que o maçom terá nosso amparo. A maçonaria vai cobrir todas as despesas. Vim para lhe tranquilizar e me colocar à disposição para resolver tudo.

— Você está se referindo ao plano de saúde e despesas médicas?

— Não, minha cunhada. Ao velório, enterro e rituais fúnebres.

— Então você está se dirigindo e se referindo à pessoa errada. O meu marido está vivo. E ele permanecerá vivo por um bom tempo. Se você veio porque acha que ele precisa fazer uso do seguro, auxílio, plano ou sei lá o que de funeral, foi uma viagem perdida. Não precisa se preocupar com isso. Pode ir embora, e obrigada pela visita. Pode deixar que tenho o contato de alguns irmãos de maçonaria dele. O Erick é apaixonado pelos irmãos Rondon Junior e Prado Neto. Qualquer coisa, eu falo com eles.

— Tudo bem. Posso deixar meu contato também?

— Não precisa — respondeu Évelyn, que se despediu e tomou o rumo dos elevadores.

Évelyn nunca foi uma grande apreciadora do fato de Erick frequentar a maçonaria. Os segredos que envolviam a sociedade, composta exclusivamente de homens, a intrigavam. O esposo nunca explicava ou respondia completamente o que fazia lá. Mas, ao longo dos últimos dez anos, ela procurara entender e respeitar a decisão dele.

Ela sabia que Erick fora eleito duas vezes o presidente da loja número um e que ele era grau trinta e três. Por isso, não se admirou quando tantos maçons vieram oferecer ajuda assim que souberam do acidente do irmão. Évelyn relembrou esse fato, mas falou em voz baixa:

— Mas oferecer velório já é demais. Fala sério! Ninguém merece. E não são nem nove horas da manhã.

Lembrou-se do horário, e pensou que boa parte da família já deveria ter chegado ao hospital.

— Meu Deus, esqueci completamente! Eles já devem estar na sala reservada!

No elevador, Évelyn apertou o número um para ir à sala. Estava certa: eles estavam lá. Os mesmos integrantes da noite anterior tinham voltado, ansiosos para saber novidades do acidentado, para saber como ele tinha passado a noite. Ansiosos para saber se Erick estaria acordado nos próximos dias e se poderia comemorar seu aniversário, em dezenove de setembro. Na verdade, estavam ansiosos para saber qualquer coisa. Para ver Erick. Para ter algum tipo de esperança.

Sabiam que apenas a esposa possuía essas informações, e apenas ela podia liberar a subida de alguém ao gélido quarto andar. Ao entrar, Évelyn comentou da visita dos primos mais cedo, mas, principalmente, da conversa com a Dra. Erika. Adriana, a querida irmã de Erick, foi quem tomou coragem e fez a pergunta que todos queriam fazer:

— Ele volta a andar?

— Estamos aguardando a neurologista dar o aval e laudar algumas intercorrências ainda — respondeu Évelyn, tentando fugir do assunto.

Elom, percebendo a tentativa, perguntou de forma mais incisiva:

— O Erick volta a andar ou não volta?

Évelyn não disfarçou a frustração e, com o olhar distante, respondeu:

— Não. Ele não volta a andar. Não antes de dois anos e meio. Na verdade, a torcida é para que ele pelo menos acorde. E acorde bem. É a neurologista quem vai ajudar nesse quesito. Mas a situação dele ainda é gravíssima. Não conseguimos ver ou perceber qualquer indício de melhora nas últimas horas.

CAPÍTULO 25

UMA NEUROLOGISTA DE RESPEITO

A notícia dada por Évelyn trouxe certo pânico a cada uma das pessoas que a ouviram. A esposa autorizou que a informação do real estado de saúde de Erick fosse transmitida aos mais próximos. Era importante que, naquele momento difícil, orassem e torcessem por ele todos que assim pudessem. Évelyn tinha fé no poder das orações. Josias inclusive criara um grupo virtual com mais de cinquenta pastores mundo afora.

Entre os choros, resmungos e sussurros acompanhados de soluços entristecidos, a porta da sala se abriu. A enfermeira-chefe do plantão matutino entrou na sala.

— Dona Évelyn, a doutora Drielle chegou ao hospital. Ela foi trocar de roupa, mas pediu para a senhora aguardá-la no quarto andar.

— Graças a Deus! Obrigada! Já vou subir.

— Tudo bem. Direto para o leito dele, tá?

— Está bem. Vou subir com você, agora mesmo.

— Posso ir junto? — perguntou a mãe de Erick.

— Claro, tia Adelaide.

A caravana de três mulheres rumou ao leito cinco. Era hora de entender o que de fato acontecera com Erick. Era hora de saber por quanto tempo o coma seria mantido. Todos desejavam um esclarecimento para o fato do paraquedista ainda estar vivo. Na mente da esposa, havia um turbilhão de pensamentos. Ela tinha conhecimento técnico suficiente para entender qualquer explicação dada pela neurologista, mas se perguntava se teria condição de ouvir e repassar aos familiares.

Enquanto alguns queriam o jovem acordado para comemorar seu aniversário, outros queriam perguntar o que havia acontecido e outros ainda, poucos, queriam saber o que houve com o paraquedas que não abriu. Évelyn, por sua vez, queria o pai de sua filha em poder das faculdades mentais. Para ela, seria o bastante o marido recobrar a consciência e reaver suas habilidades cognitivas. Assim, sua primeira e principal pergunta seria sobre isso.

Ao ver o amado filho naquela situação, Adelaide se emocionou e pensou: *Como ele se meteu nessa?* Para Évelyn, que passara a madrugada no ambiente mórbido, a reação era menos intensa. Ela tinha de ser a cabeça pensante. Então, não podia demonstrar fraqueza.

A porta se abriu, e, com seu jeito simpático e cuidadoso, a Dra. Drielle se aproximou. Assim que ela entrou, tanto Évelyn quanto Adelaide perceberam algo diferente no olhar da médica. Mais do que a juventude saudável, bem vivida e bem cuidada, ela transmitia um cuidado especial. Passava certa esperança de que dias melhores viriam. *Mas provavelmente eles não vêm*, pensou Évelyn, que ainda assim amou o fato do olhar de Drielle transmitir aquilo. Foi a doutora quem deu início ao diálogo:

— Você deve ser a esposa dele, né?

— Sim. Sou a Évelyn. Essa é a mãe dele, Adelaide.

— Prazer em conhecê-las. Sou a Drielle, a médica responsável pelo Erick enquanto ele permanecer na UTI do hospital. Então, Évelyn, a gente precisa alinhar algumas coisas para trabalhar juntas daqui para frente, certo?

— Certo — respondeu Évelyn, um pouco assustada.

— Em primeiro lugar, sei que vocês têm uma filhinha pequena que precisa de cuidados. Então, por favor, você não passa mais a madrugada aqui. Quero que você se cuide e aproveite os momentos que puder ao lado dela. Durma em casa. Nada vai acontecer durante a madrugada.

Évelyn deu um leve sorriso.

— Tudo bem, doutora. Acho difícil que eu consiga dormir, mas prometo tentar.

— Imaginei que você diria isso e já trouxe um remedinho que é fantástico para essas horas. É só colocar debaixo da língua e deixar fazer efeito. Toma. — Drielle entregou a cartela para Évelyn.

— Obrigada. O que mais?

— Estou falando sério sobre você descansar. A segunda coisa é: eu sou a médica responsável pela parte neurológica do Erick enquanto ele estiver aqui. E você é a responsável por todas as decisões sobre ele. Ou seja, não vai acontecer remoção, cirurgia, visita, nada, sem você autorizar. Eu digo como está a parte cerebral dele, e você bate o martelo, para sim ou para não. Por isso preciso da sua cabecinha descansada e funcionando bem. Combinado? — Drielle piscou o olho direito.

— Perfeito, doutora. Perfeito. Eu não só concordo como apoio. Tem mais alguma coisa pra gente alinhar?

— Sim. Tem. Mesmo a distância, eu tinha mandado fazer uma tomografia. É o tipo de informação que precisamos acompanhar, até pelo fato do coma ter sido induzido dentro de um avião. E vamos combinar? Ele estar vivo já é muito inusitado. Fui atrás de uma razão lógica para isso. E acabou de sair o resultado da tomografia.

— Me conte! Nós também queremos muito saber se o traumatismo cranioencefálico é permanente.

— Já percebi que tu entendes do assunto. Você é médica?

— Não. Mas minha formação é na área. Dei aula de anatomia na universidade.

— Legal. É bom que você explica mais facilmente para a família.

— Explico. E pode me falar abertamente. De forma direta. O que a senhora viu na tomografia e o que acha que vai acontecer daqui em diante?

Drielle transmitia muita confiança para as duas ouvintes. Ainda que num tom de voz suave, falava com a firmeza de quem tem conhecimento de causa. Ela não fez rodeios:

— Qualquer neurologista ou neurocirurgião que avaliar o quadro clínico dele, inclusive os exames e a tomografia, dirá que é um paciente que não deve acordar.

Évelyn engoliu em seco. Adelaide começou a chorar.

CAPÍTULO 26
A FAMÍLIA TODA EM MANAUS

O impacto da notícia fez reinar um silêncio sepulcral no ambiente onde se achavam Évelyn, Adelaide, Dra. Drielle e uma enfermeira. Évelyn pediu à sogra que lhes desse licença e encheu a neurologista de perguntas para ser capaz de explicar a situação ao restante da família. As notícias não seriam das melhores. Não seriam as esperadas, com certeza.

Passaram-se cinco minutos e as três — Évelyn, Drielle e a enfermeira — saíram do leito de UTI. Évelyn encontrou Adelaide chorando no corredor e a chamou para descer. Não conversaram. Uma parecia ler o pensamento da outra durante o torturante trajeto de três minutos. Elas enfim chegaram à sala reservada para a família — o saguão principal já estava lotado novamente.

— Até que enfim vocês voltaram! A gente não aguentava mais ficar sem notícias — disse Adriana, demonstrando a ansiedade e a aflição do grupo.

— Pois é. Demorou um pouco porque eu queria entender bem a real situação do Erick e explicar tudo para vocês — falou Évelyn.

— Então conta. Quando vão tirar a sedação dele? — perguntou Aninha, já prevendo a resposta pelo semblante da irmã.

— Não vão — respondeu Évelyn, sem rodeios.

— Como assim?

— O traumatismo craniano é muito sério e complexo. Nós nem sequer sabemos como ele sobreviveu. Como ele está vivo. Não sabemos se ele vai acordar normal.

— O que quer dizer "normal"? — perguntou Ana, repetindo a entonação de Évelyn e dando início a um diálogo aberto, para que todos ouvissem e participassem.

Évelyn respirou fundo e procurou usar as palavras mais coerentes para o momento e o público.

— Vamos lá. Erick teve um traumatismo craniano grave e tem vários focos hemorrágicos no cérebro. Em cada um, ele perde conexões, o que pode acarretar a perda de várias funções motoras e cognitivas, como falar, ouvir, lembrar... Ou pior: pode afetar todas as funções de uma vez só.

— Mas ele não estava de capacete?

— Estava. Tito, inclusive, já me entregou. Mas era um capacete aberto, tipo de skatista, que está rachado e todo manchado de sangue.

— Meu Deus.

— Pois é. É difícil dizer isso para vocês, mas a própria neuro me confirmou... — Ela se policiou e parou de falar de repente. Ouviu o celular tocar. Era Alessandra, a irmã mais velha de Erick. Évelyn atendeu no viva-voz: — Oi, Alessandra.

— Évelyn, não te liguei antes para não atrapalhar. Mas é só para você saber que acabei de chegar a Manaus e estou indo para tua casa. Fico com a Agnes. Eu passo o período do dia com ela pra te ajudar e passo a noite no hospital com o Erick.

— Não precisa. A gente...

Alessandra interrompeu bruscamente a fala da cunhada:
— Já estou a caminho de lá. Está decidido. Até mais tarde.

Évelyn apenas acenou aos ouvintes e desligou. Ela tinha que retomar o assunto:

— Como eu estava falando, a própria neurologista me confirmou esses fatos.

É claro que ela sabia de mais informações passadas pela neurologista. Informações que podiam abalar fatalmente a família. Mas eles que esperassem e tivessem paciência — ainda não era hora de ouvi-las. As coisas poderiam melhorar. *Milagres acontecem*, pensou Évelyn.

— Olha, Évelyn, tem mais alguma coisa que a sua amiga neurologista tenha contado e que a gente precise saber? — perguntou o impaciente Josias, ironizando a explicação da nora.

Natural da paternidade.

— Ela não é minha amiga. — Évelyn percebeu a ironia. — Nós nos conhecemos hoje. E, não, não há mais nada que vocês precisem saber.

Ela mentiu.

CAPÍTULO 27
NÃO HÁ MAIS VIDA ÚTIL: O ANIVERSARIANTE DORME SOSSEGADO

Dezenove de setembro, aniversário de Erick, quatro dias depois do acidente

Enquanto importantes decisões eram tomadas, a família continuava orando, clamando e esperando que o milagre divino acontecesse no tempo deles. Évelyn continuava escondendo a real situação. Por causa de sua explicação três dias atrás, os demais lhe cobravam que desse a autorização para acordar Erick do coma. "É aniversário dele." "O que ela está fazendo com ele?" "Essa mulher é louca e deve estar querendo ficar com o dinheiro dele."

Acusações das mais diversas a atormentavam, vindas de todos os lados.

Évelyn não sabia mais o que fazer com o segredo que lhe corroía dia e noite. Ela tinha de proteger o marido e não deixar vazar a principal informação da neurologista, ou o risco seria enorme. Mas ela tinha muita sorte de ter pessoas boas e preocupadas ao seu lado. *Nem acredito que a Alessandra veio dos Estados Unidos só para ajudar o irmão. Essa ama muito o meu marido*, Évelyn repetia a si mesma.

Durante toda a vida juntos, a esposa nunca sabia o que esperar do marido. O estilo de vida dele tornava o dia seguinte sempre incerto. Rodeios, vaquejadas, tiros, motos, *base jumps*, paraquedismo... E, naquele dezenove de setembro, essa incerteza era mais presente do que nunca.

Era cedo, Évelyn decidiu ir para casa e encontrar com a parte da família que estava lhe dando apoio. Ao chegar, atualizou a mãe. Deu um beijo na testa da filha, que dormia. Agnes havia completado onze meses no dia anterior. Quando Évelyn saía do quarto da menina, sua mãe a abordou com um olhar tenso:

— Ligaram do hospital. Estão fazendo a maior confusão lá com a Drielle. Querem porque querem tirar a sedação do Erick para ele estar acordado no aniversário dele.

— Se fizerem isso agora, ele não vai resistir — falou Évelyn, já pegando a bolsa e se arrumando para voltar ao hospital. — Eles não sabem tudo o que isso envolve.

Évelyn se dirigiu ao hospital, que ficava a cinco minutos de distância. Ainda no estacionamento, no subsolo, já sabia exatamente o que ia fazer e com quem ia falar. Aproveitou que tinha livre acesso para entrar e sair, e desta vez não passou pela recepção do saguão para cumprimentar os que lá trabalhavam.

Entrou no elevador e apertou imediatamente o número quatro. Não ia se dar ao trabalho de passar no primeiro andar para conversar com os familiares.

— Eles acham que podem fazer as coisas pelas minhas costas?! Esperam eu sair para atrapalhar o trabalho da neurologista! — falou em alto e bom som no elevador vazio.

Ela era assim.

Ao desembarcar no andar das UTIS neurológicas, foi diretamente para o consultório da Dra. Drielle. Nem sequer passou no quarto do marido. Tito estava cuidando do amigo — talvez eles tivessem muito assunto pendente, e ela tinha largado o posto não havia nem meia hora. *É melhor eles ficarem a sós*, pensou. Entrando na sala da doutora, esqueceu até de desejar bom dia e falou:

— Já tô sabendo que esse pessoal quer se meter no teu trabalho e já vou te pedindo desculpa. Povo não colabora. Ele permanece em coma? A sedação ou medicação foi alterada? Ele está bem? Houve alguma reação?

Drielle não conseguiu conter um leve sorriso de canto de boca.

— Te acalma, mulher! Respira, senta e fica calma. Se você quiser mais daquele remédio para colocar embaixo da sua língua, é só pedir. Mas fica tranquila.

Drielle sabia a hora de usar o bom humor.

Desta vez, foi Évelyn quem sorriu, baixando a guarda.

— Desculpa. É que a mamãe me falou como se estivessem querendo te estrangular para acordar o Erick. Ela é mesmo bem exagerada. Por isso vim correndo, nem parei para falar com eles.

— Então, se você quer saber, eu nem os recebi. Deixei-os espherneando no balcão de enfermagem e mandei o recado de que só me dirijo à esposa.

— Ufa. Ainda bem. Então a informação que você me passou no começo permanece só entre nós?

— Claro. Não compartilhei com ninguém fora da junta médica e deixei claro que era uma informação confidencial.

— Legal. Obrigada.

— Mas, Évelyn, você não pode esconder isso da família por muito tempo. Eles precisam saber a verdade do que está acontecendo com o Erick, para nossa própria segurança e respaldo.

— Eu sei, eu sei — respondeu Évelyn, cabisbaixa. — O que a senhora me aconselha a fazer?

— Aconselho que você entre no elevador, aperte o número um, dirija à sala reservada aos familiares do paciente 1802 e conte a verdade para eles. Pode fazer nessa ordem mesmo.

— Obrigada. De verdade, muito obrigada pela ajuda e pelo amparo que a senhora tem me dado.

— Imagina. A gente está no mesmo barco. Começamos isso juntas e vamos terminar juntas.

A médica se levantou e a abraçou. Évelyn agradeceu mais uma vez e disse que ia avaliar o clima entre os familiares. Conforme fosse, contaria a real situação do paciente. Saiu da sala e aproveitou que passaria na frente do quarto para ver se Tocha precisava de algo.

— Oi, Tito.

— Évelyn? Já de volta? — perguntou ele.

— Pois é. Tive que voltar.

— Aconteceu alguma coisa?!

— Nada demais. — Não valia a pena explicar a situação para ele. — E como está tudo por aqui? Você está precisando de alguma coisa?

— Que alívio. Por aqui, está tudo bem, na medida do possível. Estava aproveitando para trocar uma ideia com ele. Precisava conversar um pouco com meu amigo.

Ela tinha acertado na mosca. Conhecia bem a amizade dos dois.

— Então está bem. Agora eu vou de vez e só volto amanhã. Mais tarde o Denis chega para ficar com ele.

Ela passou os dois polegares pelas sobrancelhas de Erick, se despediu de Tito e saiu do leito rumo ao elevador. *É hora de encarar o primeiro andar*, falou consigo.

No trajeto, pensou bem no que falaria à família. Estava satisfeita com a iniciativa de ter procurado a médica primeiro. Assim, não correria o risco de falar as coisas com a cabeça quente. Pelo menos, contava com isso. Lembrou a si mesma mais uma vez de que não era fácil ver o filho, irmão, sobrinho e amigo naquela situação.

— Que droga, mais um motivo para eu não revelar o segredo — falou em voz alta, sem se dar conta de que Ana estava por perto.

— Que segredo, Évelyn?

Surpreendida, a esposa de Erick tentou se recompor e pensar em alguma mentira para fugir da arapuca em que ela mesma se metera. Não encontrou nenhuma e compreendeu que não valia a pena inventar.

— Vamos entrar, Tiazinha. Lá dentro eu conto.

Ambas entraram na ampla sala, cujos sofás, naquela altura, já tinham travesseiros, almofadas e lençóis. No centro, havia uma mesa de plástico simples forrada com toalha vermelha — a cor preferida de Erick — e um bolo com velas nos números três e quatro.

— Oi, pessoal. Me disseram que vocês querem acordar o Erick a todo custo.

Adelaide tomou a palavra:

— Pois é, Évelyn. Eu estava conversando com o Josias. Sabemos que vão começar as cirurgias ortopédicas, e é muito arriscado fazer esse tipo de cirurgia sem ter noção do nível de dor que ele vem sentindo.

— Quem falou isso para vocês, tia Adelaide?

— Ora, ninguém. E nem precisa, nós sabemos.

Évelyn colocou a mão na testa e deslizou para os cabelos ondulados, lavados na noite anterior.

— Évelyn, nós falamos com o Roberto Lages, um baita neurocirurgião daqui de Manaus, que hoje está no Paraná. Ele quer ver os exames, mas também cogita que é hora de acordá-lo — disse Josias.

— Eu falo com o Roberto. Pode deixar que encaminho os exames para ele — disse Évelyn.

— Escuta, Évelyn, hoje é aniversário dele e nós queremos que você dê a autorização para tirar meu filho desse coma absurdo — falou Josias, olhando nos olhos dela.

— Seu Josias, eu realmente tenho tentado entender o lado de vocês que são pais...

Adelaide interrompeu a nora:

— Você também é mãe. Aposto que não iria suportar ver a Agnes assim.

Évelyn respirou fundo, baixou a cabeça e lembrou o que tinha prometido para si mesma a caminho dali. *Não posso falar de cabeça quente e irritada. Calma.*

— Eu entendo. De verdade que entendo, mas não podemos acordá-lo. Não ainda. Os focos hemorrágicos continuam lá, e é preciso de mais um pouco de tempo para o cérebro desinchar e a gente saber como vai ficar. Acordar agora é acelerar desnecessariamente esse processo. — Era o seu momento de mostrar que dominava o assunto e que havia entendido bem o que estava acontecendo com o marido. — Vocês precisam levar em consideração que ele está com um politraumatismo craniano. A pancada foi muito forte, gente. É um milagre ele estar vivo. E, não, as cirurgias ortopédicas definitivas não vão começar agora.

— Tá. Mas então quando a médica vai poder acordá-lo? — perguntou Josias com ironia.

— É impossível saber ao certo — respondeu Évelyn, exercitando o poder da paciência.

— Aí fica muito difícil pra gente... Sem saber nada — falou alguém no canto da sala.

— Hoje vai ter uma primeira cirurgia. A doutora Erika já reuniu a equipe médica para avaliar a colocação de mais fixadores externos. — Évelyn fabricou esse argumento para ganhar tempo.

Nesse momento, ela olhou para Aninha, que percebeu que Évelyn estava tentando mudar de assunto para esconder alguma informação relevante. Aninha entrou no jogo para ajudá-la:

— Que horas vai ser a cirurgia?

— Daqui a pouco. A esta hora eles devem estar preparando o Erick. O Tito está lá com ele. Talvez fosse interessante vocês irem também. Esse procedimento costuma ser demorado.

— Também acho. Vocês vão e eu fico aqui com a Évelyn — falou Aninha.

A sugestão foi aceita e seguida pelo pai e pela mãe de Erick. Agora Ana pressionaria Évelyn. Ela era uma das poucas pessoas que não vinha fazendo isso, que respeitava as decisões da sobrinha, mas, naquele dia, naquela hora e naquele local, Aninha tinha ouvido mais do que gostaria. Tinha de saber o que diabos Évelyn escondia. Então, ao ver a sobrinha saindo da sala, Ana acelerou o passou e aumentou o tom de voz para se dirigir à esposa de Erick:

— Évelyn, espera, quero falar contigo.

— Pode ser depois? Eu quero acompanhá-los até a UTI.

— Não. Não pode. Eles conhecem o caminho do elevador e do leito do Erick. Podem ir sozinhos.

É. Évelyn não tinha mais como se esquivar.

— Fala, Ana. Como posso ajudar? — perguntou com sinceridade no olhar.

Ana percebeu e gostou.

— Me conta que segredo é esse que você vem guardando desde o primeiro dia. Se abre comigo. Vai te ajudar. Percebo no teu semblante que algo não está certo. Que algo não vai terminar bem. Desabafa.

O telefone de Évelyn tocou, e ela atendeu no viva-voz:

— Oi.

— A senhora pode subir ao consultório da doutora Drielle, por favor?

Évelyn deu de ombros para Aninha como dissesse que em breve concluiria aquele assunto com ela. Tiazinha entendeu o recado, e Évelyn subiu para o quarto andar.

***

É engraçado como uma família pode se unir tanto em prol de algo, e tão repentinamente.

Elom ficava muito feliz com essa parte da história. É lógico que ele não gostaria que fosse preciso acontecer uma tragédia dessas proporções para isso, muito menos com o irmão que tanto amava. Mas via com bons olhos o fato de estar com todos da família. Ele sempre foi um cara muito família — e Erick gostava disso no irmão mais novo. Elom passava no hospital sempre que podia para conversar com a cunhada. Gostava de saber das novidades pela boca dela, pois percebia nas palavras de Évelyn uma segurança, um otimismo e uma confiança.

E aquele dia era especial: chegara o aniversário de Erick.

Elom acordou cedo e avisou à esposa que estava indo para o Santa Júlia para comemorar com o irmão. Acreditava que ele acordaria do coma naquele dia — como se o aniversariante fosse decidir acordar de um cochilo de quatro dias.

Vai entender!

Na verdade, naquela dia dezenove de setembro de 2019, esse sentimento não era apenas de Elom, mas de todos os Lira que estavam na sala reservada. E, se no primeiro andar sobrava esperança, no saguão não era diferente: havia toda uma expectativa que contagiava o restante dos espectadores rotineiros.

Contudo, esse otimismo não percorria todo o caminho até o quarto andar, onde a junta médica responsável por tratar de Erick tinha ciência da real situação — somente eles e Évelyn. Eram dez horas da manhã quando a esposa do paciente politraumatizado chegou no balcão da enfermagem.

— Alguma novidade? — perguntou. — Me chamaram?

— A doutora Drielle — falou uma enfermeira.

— Vou até lá.

Ela sempre sentia um arrepio e um aperto no coração quando passava em frente ao quarto do marido, mas resistiu ao ímpeto de entrar para não perder o foco. Naquele horário, o acompanhante responsável era o amigo Denis. Ele e Tito sempre estavam lá, cumprindo a promessa da equipe de pesca. Aquilo trazia certo conforto ao coração de Évelyn. *É de amizades assim que o mundo precisa*, pensava.

Bateu na porta do consultório da Dra. Drielle.

— Oi, doutora. Posso entrar?

— Claro, Évelyn. Pedi para te chamarem.

— Já soubeste que arranjei uma cirurgia para colocar fixadores para maquiar a situação? É isso?

— Sim. É isso. Deduzo que você não comunicou a família do real estado dele. É isso?

Elas sorriram.

— Não achei prudente nem conveniente. Eles estão em outro clima.

— Tudo bem. Eu confio no seu julgamento. A propósito, o aniversário dele é hoje, né? Já chegou aqui na minha sala a informação de que estavam querendo fazer uma festinha com ele, e por isso estavam me pressionando para tirá-lo do coma. Eu até autorizei a festinha... Mas que façam em outro andar, longe das minhas UTIS, e sem a presença do Erick.

— Foi exatamente isso que eu falei, mas a senhora já deve ter percebido como os familiares dele são difíceis.

— Não se trata só de serem difíceis. É inimaginável a dor de ver um filho nesse estado. Ontem, o seu Josias estava aqui na hora em que raspamos o cabelo do Erick. Nós identificamos uma úlcera na parte de trás da cabeça e tivemos que raspar para tratar. Foi horrível. Ele teve que ajudar a levantar o corpo do filho pelos fixadores externos, com aquele monte de cabelo no chão.

Évelyn arregalou os olhos.

— Eu vi mesmo que ele está careca, mas não sabia que o pai dele tinha visto tudo. Ele é muito fechado, não costuma falar as coisas.

— Aqui ele não estava nada fechado. Ficou falando o tempo todo como o filho estaria sendo tratado no Albert Einstein. Que lá é o melhor hospital. Que ele já ficou hospitalizado lá.

Elas sorriram.

— Bem, eu odiava aquele cabelo todo, mas ele amava. Não vai gostar nada disso quando acordar. — Évelyn de repente emudeceu e se entristeceu. — Se ele acordar.

Drielle se levantou e abraçou aquela mulher que ela admirava mais a cada dia. O abraço foi interrompido pela enfermeira-chefe, que abriu a porta e falou:

— Desculpe interrompê-las, mas o seu Josias está no balcão de enfermagem e gostaria de falar com vocês.

Elas se entreolharam e decidiram ir até o balcão.

Quando avistaram Josias, surpreenderam-se ao vê-lo sorrindo. Ele carregava pratos com fatias de bolo. O homem explicou:

— Nós cantamos parabéns para ele lá embaixo e partimos o bolo. Oramos e entendemos que não é no nosso tempo ou no nosso querer que o Erick vai acordar. Então decidimos deixá-lo ainda mais aos seus cuidados. Por isso gostaria de dar uma fatia de bolo para cada técnico, médico, enfermeiro, zelador, para todas as pessoas que estão envolvidas nesse processo.

Drielle foi quem mais se surpreendeu e falou:

— Poxa. Muito obrigada! Significa muito para nós. O senhor pode ficar à vontade para dar uma fatia para cada um da equipe. Eu já vou pegar a minha, porque ainda tenho outro assunto para tratar com a Évelyn.

Foram alguns segundos de descontração naquele frio e tenso ambiente. Nesse breve momento, a equipe renovou suas energias.

Josias tinha a habilidade de fazer isso — quando queria, claro.

Drielle chamou Évelyn no canto:

— Eu soube que você impediu o fisioterapeuta do hospital de mexer no Erick. Aconteceu alguma coisa?

— Sim. Desculpa não ter falado sobre isso contigo, esqueci completamente. O Erick já tem um fisio que é muito bom. É o melhor da cidade na área desportiva. Para você ter uma ideia, recentemente o Erick operou o joelho e em três semanas já estava saltando de paraquedas. E com o fisioterapeuta dele, que também é paraquedista.

— Que legal. Então eu preciso do nome dele para autorizar a entrada na nossa ala.

— Jean Carlos Constantino. Olha, ele recomendou não mexer nele agora. A gente ainda não tem noção de onde dói e o tanto que dói. Vamos esperar as cirurgias ortopédicas e depois decidimos.

— Perfeito, então. É bom que ele é da confiança de vocês. Por falar nisso, eu já autorizei a doutora Erika a começar com as cirurgias, assim que ele sair do coma. Vai depender dela. Sim, porque uma hora teremos que trazê-lo de volta. A equipe dela já vai trabalhar no tornozelo, joelhos e punhos. Ela confia muito no Willian Su para dar jeito na deformidade do punho direito.

— Pois é. Parece que a mão dele ficou no antebraço. Está horrível.

— Mas o doutor Su é realmente muito bom. Pode confiar que a Erika sabe o que está fazendo!

— Confio. Confio mais do que vocês imaginam.

Elas se entreolharam, e Évelyn se despediu da neurologista. Por mais estranho que parecesse, ela precisava ir ao primeiro andar para ver a comemoração do aniversário do marido.

Antes de se dirigir ao elevador, porém, decidiu entrar no leito de Erick. Denis se levantou imediatamente para cumprimentá-la e dizer que nada de novo tinha acontecido, a não ser pela deliciosa fatia de bolo. Ele queria descontrair um pouco. Não conseguiu.

— Pode sentar, Denis. Muito obrigada pela presteza e amor que você tem pelo meu marido. Você pode ir. O irmão dele vem logo mais para assumir o posto.

— O Tocha? — perguntou ele, sorrindo.

— Não — ela também sorriu —, o irmão de sangue. O Elom.

— Combinado, então. Vou deixar vocês a sós. Qualquer coisa me liga.

Eles se despediram e Évelyn acariciou as sobrancelhas do marido e sussurrou em seu ouvido. Até que Aninha entrou no leito.

— Vamos terminar nossa conversa?

— Vamos. O segredo é a minha conversa com a Drielle no nosso primeiro encontro. Ela é uma médica muito competente e experiente. Me explicou tudo quando a Dedé saiu de perto. Me mostrou a tomografia, inclusive. Ela apresentou provas, por assim dizer.

— O que ela disse? Que provas são essas, do quê? O que ela falou a respeito do Erick?

— Que neste momento a avaliação é que ele está praticamente em estado vegetativo. Claro que ainda vai depender da desinchação do cérebro. Mas, neste momento, pode não haver mais vida útil para o meu marido.

O barulho do monitor cardíaco foi o único som que se ouviu. Aninha saiu e chorou copiosamente.

Évelyn finalmente tirara um pouco do peso que vinha carregando havia dias. Mas não quis perder tempo pensando nisso e aproveitou que estava sozinha com o marido.

— Enfim sós — disse.

Ela contou o que acontecera no último dia. Fez desse monólogo um momento de atualização e terminou dizendo:

— Seu aniversário é hoje. Sei que você detesta comemorar, mas não precisava escapar desse jeito — falou com bom humor. — Parabéns, princeso. A você, toda a felicidade e saúde do mundo. Fica tranquilo que eu sigo te protegendo daqui. Amo você.

Esse trigésimo quarto ano seria lembrado para sempre — e Évelyn mal podia imaginar o que aconteceria.

— Pode cair o mundo, estou em paz — ela cantarolou ao pé do ouvido de Erick.

CAPÍTULO 28
A NOTÍCIA MAIS TRISTE DO MUNDO: MORRE O HOMEM

Vinte e dois de setembro, sete dias depois do acidente

Erick continuava sem apresentar reação alguma, apesar dos esforços, estudos e cuidados da equipe médica. A estrutura dos principais hospitais do país estava mobilizada para ajudar a tomar a decisão mais sensata no processo de ressuscitação do atleta.

A verdade é que, dia após dia, só aumentava a pressão da família, colegas, espectadores médicos, que achavam saber demais, e pessoas de fora do estado. Era um peso inimaginável o que a esposa e a Dra. Drielle Sales tinham que carregar. Com uma sabedoria única, elas se mantinham firmes, pois tinham o respaldo de grandes especialistas.

Naquele sábado à noite, completaria uma semana desde o fatídico dia em que a antena de cento e vinte metros se fez vitoriosa frente ao atleta de *base jump* que a escalou em seu último desafio à morte. Drielle sabia disso. Aliás, ela sabia de tudo.

Évelyn não tinha segredos com ela. Sabia, inclusive, que Erick havia tido problemas com drogas uma década antes e substituíra esse vício pelo do álcool.

— É certo que ele vai ter uma forte crise de abstinência quando acordar, porque era de seu costume tomar uma dose de Jack Daniel's antes mesmo do café da manhã. Seu estilo cowboy de ser — lamentou Évelyn.

— Não te preocupa com isso — disse Drielle —, nosso problema agora é outro.

— E qual é exatamente o nosso problema, doutora?

— Chegamos ao limite do limite. Ele está há quase uma semana nesse morre-não-morre. Já até tiramos a entubação e fizemos uma traqueostomia. Mas ele vem tendo episódios de febre alta. Já fizemos algumas intervenções e o cérebro desinchou. Precisamos acordá-lo para saber quais funções foram afetadas ou anuladas pelos coágulos que continuam lá.

— Entendi. E só dá para ter certeza com ele acordado, né?

— Exatamente. Podemos reduzir a sedação e trazê-lo de volta?

— Sim.

Com o sinal verde da esposa, a espera terminaria. A conceituada, experiente e confiante neurologista dirigiu-se ao seu consultório e convocou os envolvidos para tirar a sedação de Erick Lira.

Entre a equipe, ela sempre se referia a Erick pelo nome completo, para que os colegas não perdessem de vista a responsabilidade e o peso de tratar aquele paciente. O conhecidíssimo Erick Lira.

Ela entrou no leito disposta a fazer o que tinha de ser feito. E fez.

Era Elom quem o acompanhava no momento, e a médica lhe falou:

— Elom, a tendência agora é ele abrir os olhos e te reconhecer. Assim que isso acontecer, nos chame. Estarei por aqui pela próxima hora. Se eu não estiver, a outra neurologista estará. Ele não ficará só.

— Graças a Deus! Finalmente vou ter meu irmão de volta!

— Essa é a tendência — disse Drielle, sem querer entrar em detalhes desnecessários, deixando os dois irmãos a sós.

Eram dez horas da noite quando a neurologista deixou o leito. Ela tinha consciência de que tinha deixado Elom com a expectativa de ver o irmão em condições normais.

De fato, ele ficou cheio de esperanças.

Elom olhava para o irmão e para o relógio repetidamente. Mal podia acreditar que seria a primeira pessoa em quem o irmão, que tanto amava, botaria os olhos. Já estava ansioso para falar da próxima pescaria com o irmão. A ansiedade era tanta, que ele contava cada minuto.

Mas a ansiedade mudou de nome quando o ponteiro de seu relógio Nike Sports marcou três horas e trinta minutos. Havia algo de mórbido naquela madrugada. Elom não sabia o quê nem por quê, mas havia. Foi quando Erick começou a apresentar febre alta e soluços. *Será que é normal?*, pensou Elom. Permaneceu observando.

— Já que a médica falou para chamar assim que ele acordasse, bora esperar aqui — falou para si mesmo.

Acontece que os soluços e a febre foram aumentando.

— Que droga! — Elom não pensou duas vezes e gritou: — Enfermeira! Enfermeira! Está errado isso aqui.

Nada. Nenhuma resposta.

Ele então saiu rumo ao balcão de enfermagem. Seu semblante aparentava terror e pânico. As enfermeiras plantonistas perceberam imediatamente e já se colocaram a postos.

— O que houve?
— Ele está soluçando muito. E está aumentando a cada dez segundos.
— A cada dez segundos?
Elom era a ansiedade em pessoa, porém não deixou escapar nenhum detalhe.

Duas das quatro enfermeiras foram rapidamente para o leito onde estava o paraquedista. Uma era recém-formada e a outra tinha pelo menos vinte anos de experiência. Já no quarto, constataram que o que Elom tinha dito não condizia com a realidade. Esta era bem pior: os soluços deram espaço a um processo convulsivo. Erick se debatia muito. Seus quadris faziam tanta força, que seu corpo se erguia mais de um centímetro acima da cama.

— Rápido, enfermeira, chama a doutora — disse a enfermeira mais velha. — Diz que ele está iniciando um processo convulsivo!

A enfermeira recém-formada saiu em disparada chamando a médica responsável, que estava no leito ao lado.

— O que foi, enfermeira? Estou aqui do lado — disse a médica.

— O Erick, o paciente 1802, está iniciando um processo convulsivo.

Era hora de a médica encarnar o papel de absoluta frieza. Enquanto se dirigia para o leito, perguntou:

— Quem está com ele?
— A enfermeira-chefe e o irmão.
— Chame as outras enfermeiras.
— Eu digo que ele está entrando em processo convulsivo?
— Não. Ele não está mais entrando. Ele já entrou.

O que a neurologista viu foi um corpo se debatendo na cama com saliva escorrendo pelo rosto e um monitor cardíaco disparado. Para ela — que tinha muita experiência —, não foi difícil contornar a situação. O difícil foi aceitar que todos os piores prognósticos estavam se concretizando diante de seus olhos. *Logo no meu turno*, pensou.

Já auxiliada pelas enfermeiras, a médica calmamente tomou a decisão de induzir o coma de novo. Uma indução bem superior à que fora feita no avião. Uma indução com sedação total e máxima. O paciente ficou quieto instantaneamente. De maneira muito fria, a médica olhou para a equipe e disse:

— Pronto. Resolvido. Por enquanto.

Esse processo todo durou pouco mais de duas horas. Passava das cinco e meia da manhã. O sol já raiava na cidade e, pelas janelas dos corredores, já entravam feixes de luz. Há quem diga que a esperança se renova a cada amanhecer, mas naquele dia ela parecia dar espaço a outra coisa.

A médica se pegou pensando: *De onde tinham vindo tantos médicos tão rapidamente, visto que ela não chamara nenhum? A rádio peão de hospital realmente não falha*, pensou. Depois refletiu sobre o estado psicológico em que Elom deveria estar após ver aquilo. Ela esqueceu de fazer o papel de frieza e se deixou tomar pelo lado emocional. Ele era irmão de sangue. Havia história. Não era justo que houvesse presenciado a cena de terror.

Ela olhou para o canto da UTI e o viu sentado numa cadeira. Elom não disse nada, apenas se inclinou para frente, apoiou os antebraços na coxa, levou as mãos à cabeça e deixou as lágrimas escorrerem pelo rosto e caírem no chão.

A equipe médica ficou tocada com aquilo. Que emoção... Quanto sentimento envolvido! A médica foi falar com ele. Não entraria em detalhes. Não era hora para isso.

— Você não está bem, mas preciso que você levante a cabeça, enxugue o rosto e chame a Évelyn. Liga para ela. E somente para ela. Tenta encontrar forças aí dentro, mas não deixa transparecer que perdemos a guerra. Ainda há muito a ser feito.

Era mentira.

Naquela altura do campeonato, já não havia muito o que fazer. Drielle chegou naquele mesmo momento — já havia recebido o relatório do ocorrido por telefone, ainda no caminho do hospital. Ali no leito cinco havia mais do que o corpo do paciente 1802 — o paraquedista, comerciante, empresário, milionário, atleta de *base jump*, pescador, atirador, cowboy e conhecidíssimo Erick Lira. Ali estava o Erick. Simplesmente o Erick. O indefeso e solitário filho, pai, irmão e amigo. Era apenas isso que Drielle pensava. E o pior: ela seria a responsável por preparar o mundo para a triste notícia.

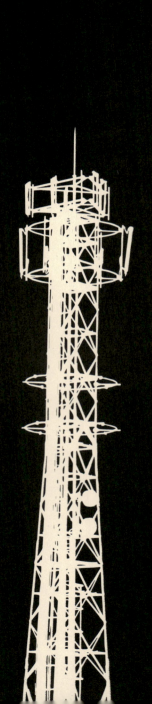

PARTE 2

UMA NOVA HISTÓRIA

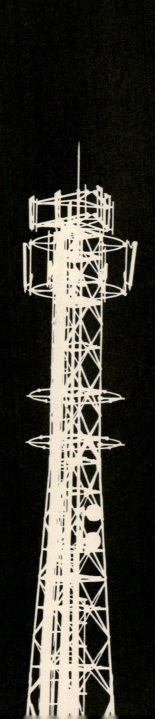

CAPÍTULO 29

A NONA OCORRÊNCIA POSITIVA NISSO TUDO

O modo como Évelyn recebeu a notícia deixou Drielle um tanto assustada.

— Tudo bem, doutora. Entendi.

— Não, Évelyn, acho que você não entendeu. Essa convulsão provou o que nós mais temíamos. Temos noventa e sete por cento de chance do Erick permanecer em estado vegetativo. Só não dou a certeza agora porque é domingo e não tenho como fazer os exames necessários, mas amanhã de manhã eu laudo, assino e testifico a situação dele. Vamos só fazer o eletroencefalograma para comprovar que não há mais atividade cerebral e vou explicar tudo para a família.

— Entendi — repetiu Évelyn, paralisada.

As duas permaneciam no escuro, silencioso e gélido leito, ao lado do paciente 1802. Drielle não acreditava que a amiga de fato tivesse entendido a real situação do marido e se perguntou se estava sendo clara o suficiente. Ela sabia que Évelyn era entendida do assunto, então não havia mais o que fazer para provocar qualquer reação — que fosse choro, tristeza, pânico, desespero... qualquer coisa. Ela nada transparecia.

— Eu vou comunicar à família — disse a neurologista.

— A senhora pode, por favor, só comunicar do processo convulsivo que ele apresentou ao tentar acordá-lo? Aliás, deixa que eu mesmo conto, afinal o irmão dele estava aqui, então é muito provável que já saibam.

— Está bem, mas você vai contar que ele está em estado vegetativo? — perguntou Drielle, reforçando o fato.

— Hoje não. Nós duas sabíamos que isso já estava acontecendo. Então, um dia a mais ou a menos não vai fazer diferença. Esperamos até amanhã, quando tivermos o exame para comprovar.

— Claro que eu discordo da sua atitude, mas respeito. O que você vai fazer agora? Vai para casa ou vai ficar aqui com o Erick?

— Eu vou descer e conversar com a família. O Erick pode ficar aqui. Ou sei lá onde ele realmente está. Mas o corpo no leito pode esperar a acompanhante da noite.

Elas se despediram e foram uma para cada lado. Drielle se dirigiu à sua sala pensando de onde vinha tanta força e tanta frieza de raciocínio numa pessoa como Évelyn. *Que exemplo de mulher*, pensou.

Évelyn seguiu para o elevador imaginando como diria para a família o que acontecera com o filho, sobrinho e irmão. *Eles que me crucifiquem por não ter liberado a ida dele para São Paulo. Não é hora de me preocupar com a guerra que está por vir. Deixa cair o mundo, eu estou em paz*, pensou.

— Oi, pessoal — disse Évelyn, entrando na sala reservada.

— Évelyn, conta tudo para gente! Ele acordou? O Elom só passou por aqui e disse que ele teve um despertar conturbado e logo saiu daqui aos prantos. O que houve? — perguntou Adelaide.

— Então, tia, o "despertar conturbado" de que o Elom falou foi nada mais, nada menos do que um processo convulsivo.

— Meu Deus! Como assim?

— O Erick entrou em convulsão.

O silêncio reinou na pequena sala, e a palavra "convulsão" ecoou pelas mentes e corações dos presentes. Era o fim de uma longa e exaustiva semana? Talvez. Adriana foi quem deu fim ao eco:

— E agora, Évelyn, o que pode ser feito?

— Agora é orar. Orar como nunca. É orar para o impossível acontecer. Amanhã pela manhã, a neurologista vai fazer os exames necessários para laudar e dizer o que realmente vai ser do Erick daqui em diante. Quando ela vier me trazer a notícia, eu quero que todos vocês estejam por perto. Vamos ouvir juntos.

Todos concordaram e decidiram fazer ali mesmo uma oração pela vida do atleta acidentado. Cada um orava à sua maneira: alguns rogavam ao Criador dos Céus e da Terra, outros ao Grande Arquiteto do Universo, outros ao Ser Supremo que guia nossas vidas. Mas todos terminaram lembrando o nome de Jesus. Amém.

Josias pediu ao grupo de pastores que ele havia criado que parassem o que estivessem fazendo e movimentassem suas igrejas para orar por seu filho. Já Adelaide e Aninha recorreram às amigas e aos companheiros de igreja.

A notícia chegou à área de paraquedismo e fez com que todos, a seus próprios modos, torcessem, rezassem, orassem e rogassem para que Deus interviesse na vida de Erick. A verdade é que nos quatro cantos da Terra houve quem parasse para orar por Erick.

O tempo passou rápido e, quando Évelyn se deu conta, o sol já estava se pondo na capital amazonense. Por mais cinzento que houvesse sido o transcorrer daquele dia, o crepúsculo no céu manauara era radiante.

Ela olhou para o relógio e viu que já era hora da acompanhante da madrugada chegar para ficar com Erick. Alessandra chegou e entrou na sala do primeiro andar. Com um ar de tristeza pela notícia, mas ainda assim cheia de confiança, ela falou:

— Pode ir, Évelyn. Eu fico com o Erick hoje. Aliás, é a minha última noite aqui. Embarco amanhã de volta para a Flórida.

— Está bem. Vou indo. Dá um beijo nele por mim — disse Évelyn para quebrar um pouco a tensão que pairava no ar.

Ela conseguiu. Alessandra deu um leve sorriso de canto de boca e disse:

— Vou dar vários beijos nele, deixa comigo. Você vai para casa ficar com a Agnes, né?

— Vou. Hoje, mais do que nunca, preciso muito orar.

— Isso, cunhadinha. Faça isso. Eu vou fazer o mesmo aqui.

Mais uma vez, Évelyn se despediu de alguém e tomou um rumo que não o do leito cinco da UTI neurológica. Ela precisava de sossego. Precisava ficar a sós com Deus. Entrou no Fiat Siena e foi diretamente para casa, enquanto Alessandra tomava o elevador para o quarto andar pensando: *Hoje é dia de vencer batalhas.*

Quando chegou em casa, Évelyn deu um abraço em Agnes e sentiu algo diferente na filha. Foi um abraço saudoso. Um abraço apertado. Um abraço de quem precisava de colo mais do que nunca. Decidiu que ela mesma ia fazer Agnes dormir naquele triste domingo.

Ao sair do quarto, foi conversar com a mãe, sua confidente, e em poucas palavras falou tudo o que tinha para falar.

— Minha filha, aproveita que você chegou mais cedo e tira esse tempo para conversar com Deus. Vai orar. É hora de você entrar na presença Dele.

— É o que vou fazer agora. Na verdade, a madrugada inteira.

Desta vez, Évelyn decidiu que faria à moda antiga, como o próprio Jesus Cristo ensinou. Ela se trancou no quarto e, apoiada no lado da cama em que Erick dormia, prostrou-se de joelhos no chão. Não haveria formalidades, não haveria palavras bonitas nem sequer desculpas. Era hora de ser ela mesma. De ser sincera e se despir da grandeza que vinha demostrando ao longo dos últimos dias. Com o coração rachado, a alma quebrantada e a mente dilacerada. *Ninguém esconde qualquer coisa de Deus*, pensou. E ali, ajoelhada, foi honesta com o Deus Criador dos Céus e da Terra:

— Querido Deus. Eu sei que Tu me disseste que o Erick vai terminar essa aventura bem machucado. E Te agradeço por toda a força que Tu tens me dado. Agradeço pela certeza que Tu me deste de que ele sobreviveria. Mas, hoje, humildemente, venho entrar na Tua presença para pedir que leve o meu marido. Eu o conheço e me conheço, e sei que estar vivo num estado vegetativo não é vida. Ele não vai suportar, eu não vou suportar, e a doce Agnes não pode crescer com o pai como um vegetal. Eu sei que a Tua vontade é soberana, mas na noite de hoje eu Te entrego a vida do meu marido. Pode levar. Ele já sofreu e viveu o que tinha para viver aqui na Terra. Acabou o tempo dele. Pode levar o meu marido.

E foi com essa contrição e humildade que Évelyn passou a noite orando. Cantava algo em louvor a Deus, adorava o Senhor Jesus, voltava a orar. Assim foi até pegar no sono.

A poucos quilômetros dali, Alessandra começava uma batalha individual que marcaria a sua vida e a sua história para sempre. Ela estava ciente da real situação do irmão e não tiraria os olhos dele por nem um minuto sequer. Sabia que o irmão tinha convulsionado na noite anterior e que a qualquer momento isso poderia acontecer novamente.

— É impossível ele acordar e ter qualquer tipo de reação hoje, dona Alessandra — disse a enfermeira-chefe. — Ele está com sedação máxima, em coma profundo.

— Tudo bem — respondeu Alessandra, sem dar muita atenção. — Estarei lá, qualquer coisa chamo vocês.

Por dentro da camisa, escondida, ela levava a sua Bíblia Sagrada. Ali era uma UTI e, por mais que fosse compartilhada, não era permitido levar qualquer objeto não esterilizado. *Mas e daí?*, ela pensou. *Eu tenho um plano.*

Dentro do leito cinco, começou a orar. Começou a louvar a Deus. Conversava e dialogava com o irmão como se eles estivessem de fato trocando uma ideia. Ela lia versículos bíblicos e orava a Deus para que fizesse o milagre acontecer, pois aquela seria a última noite dela na cidade. Nem que fosse por uma fração de segundo, precisava ver os olhos do seu irmão abertos.

— Meu Deus, já são três horas da manhã. Por favor, me ajuda!

Um pensamento era recorrente em sua mente: *A noite ainda não acabou. Só ora. Só ora.* Foi o que lhe dissera pelo celular o seu marido, Winston, algumas horas atrás. Ela não iria desistir do seu plano. *Bora, Erick. Acorda, KiKo. Por favor, mano da mana. Volta pra nós.*

E, enquanto ela louvava o Deus de Alianças, Deus de Promessas, viu de relance o irmão se mexendo. Um movimento do corpo.

— Erick, eu vi você se mexendo! Meu Deus, o milagre vai vir! Se você está me ouvindo, não acorda ainda! Guarda todas as suas energias e acorda quando eu mandar, porque não tem médico nenhum agora.

De onde ela havia tirado isso?

Alessandra, então, encostou seu rosto no de Erick e fez carinho na cabeça careca e nas sobrancelhas dele, balbuciando palavras de força. Decidiu então arriscar e foi ao balcão de enfermagem.

— Gente, eu acho que meu irmão se mexeu.

— Dona Alessandra, isso é normal — respondeu a enfermeira-chefe. — Sempre acontece de madrugada e quando fazemos a sua higiene.

— Nesse exato momento, isso é impossível. Ele está com sedação máxima.

Os enfermeiros se entreolharam e deram de ombros.

— Certo. — Alessandra fechou a cara, deu as costas e começou a voltar para o leito. — Quando a Drielle chegar, me avisem.

Ela tinha um plano e aquele plano ia dar certo. Veria o irmão de olhos abertos antes de voltar para a sua família na América do Norte.

Quando entrou no leito cinco, sentou-se na poltrona novamente para orar, louvar e adorar o seu Deus. Algo diferente se passava em seu coração — uma confiança absurda de que o irmão estava ouvindo tudo. Sabia que, além dela, havia um verdadeiro exército de pessoas, uma multidão de intercessores mundo afora que também estavam orando. Ela olhava para o irmão e olhava para o relógio incontáveis vezes. Ansiava pela chegada da Dra. Drielle. Somente ela acreditaria em Alessandra.

As horas se passaram e chegou o alvorecer. Os raios de luz solar já começavam a brilhar nos corredores do quarto andar. Alessandra, ao pé do ouvido do acamado paraquedista, disse:

— Está chegando a hora. Você é um milagre de Deus. Um novo Erick vai acordar e eu já estou aqui para te receber.

— Dona Alessandra, a doutora chegou — avisou uma enfermeira.

— Graças a Deus!

— Ela está na sala dela, pode ir lá.

— Não, não. Peça para ela vir até mim, por favor.

— Tudo bem. — A enfermeira saiu para chamar a médica.

Alessandra deu um último beijo no irmão e sussurrou:

— Hoje é o dia.

— Oi, Alessandra. — Drielle havia chegado.

— Doutora, eu estava ansiosa pela sua chegada. O Erick está tentando acordar.

— Os enfermeiros me passaram. Eu vou apenas repetir o que você já sabe: não é possível que ele acorde. Vou te mostrar.

Drielle apalpou o rosto de Erick e, puxando pelas sobrancelhas, analisou o globo ocular com uma lanterna.

Segurou a mão de Erick e falou em voz alta:

— Erick, aqui é a Drielle. Sou sua médica. Se você estiver me ouvindo, aperte a minha mão.

Nada aconteceu. Mas a médica não queria desacreditar a irmã do paciente.

— Erick, aqui é a Drielle. Sou sua médica. Se você estiver me ouvindo, aperte a minha mão.

Nada. Alessandra decidiu segurar a outra mão de Erick. A médica tentou uma terceira vez:

— Erick, aqui é a Drielle. Sou sua médica. Se você estiver me ouvindo, aperte a minha mão.

Alessandra sentiu um forte aperto em sua mão. Pasma, com os olhos arregalados, ela olhou para a neurologista.

— Ele apertou minha mão! Meu Deus! Ele apertou a minha mão, doutora!

— Como assim?

Ambas olharam para Erick em busca de alguma reação e, enfim, viram.

Erick arregalou os olhos em uma expressão de incredulidade e dúvida.

— Mana — falou em voz baixa o paraquedista, menos do que um sussurro. — Onde eu estou?

Sim, o milagre aconteceu. No final das contas, a esperança realmente se renovou ao amanhecer.

CAPÍTULO 30
A MARCA DE UMA LÁGRIMA

Após o óbvio impacto inicial, as duas mulheres se entreolharam como se quisessem saber se podiam acreditar no que estavam presenciando. Drielle foi quem tomou o maior susto, pois estava lá com a intenção de provar à Alessandra a impossibilidade de seu irmão demonstrar qualquer reação.

Ela olhou para Alessandra e viu rios de lágrimas escorrendo pelo rosto da mulher, que se despediria de Manaus naquele mesmo dia. Drielle, a médica respeitada, chefe de UTI, acostumada a tratar casos extremos, com um currículo extraordinário, viu-se sem reação.

— Enfermeira! Enfermeira! — gritou. — Onde elas estão quando a gente mais precisa?!

A médica checou, checou e checou novamente se Erick estava com a sedação máxima. *Caramba, ele está mesmo*, pensou. *Que loucura.*

— Teu irmão é um guerreiro acima da média. Fora da curva. Ele deve estar fazendo um sacrifício enorme para acordar. — Ela falou isso já saindo do leito cinco em direção aos corredores. — Gente, O ERICK ACORDOU! Rápido, meninas, chamem os médicos para tirar a sedação dele! Não podemos perder essa chance, ele não pode se cansar de lutar.

— Cansar de lutar? — perguntou a enfermeira mais jovem.

— Lógico, menina, o Erick está tentando reagir mesmo num coma profundo — respondeu a enfermeira-chefe, sem paciência para ensinar ou explicar a magnitude do que estava acontecendo. — Vá chamar o anestesiologista de plantão. Rápido!

Enquanto se dava essa correria no quarto andar, Alessandra se viu novamente a sós com o irmão. Ela não fazia a mínima questão de engolir o choro, de conversar com ele, de explicar a situação ou de perguntar como ele estava. Já tinha concluído o seu plano. Tinha visto o irmão de olhos abertos, e mais do que isso: tinha comprovado que ele estava em poder de suas memórias. O irmão havia vencido a primeira das muitas batalhas que viriam. Mas ela o conhecia e sabia que não seria naquele momento que as coisas reais aconteceriam, então voltou a ficar rosto a rosto com Erick. *E daí que meu rosto está todo molhado de lágrimas? Depois eu enxugo*, pensou. E, ao pé do ouvido dele, disse:

— Eu te amo tanto. Tanto. Obrigado por não desistir de lutar. Agora pode voltar a dormir. Você precisa ficar quieto para gente tirar o que te fazia dormir.

Ela beijou o irmão e fitou seus olhos que não se fechavam. Ele já tinha passado uma semana dormindo, não tinha a intenção de voltar a dormir.

Em questão de minutos, o corpo médico responsável por Erick já ocupava todo o leito. Alessandra se retirou para deixá-los trabalhar. Dirigiu-se à sala reservada no primeiro andar. Sabia que naquele horário ainda estaria vazia. Eram sete e vinte.

Enquanto esperava o elevador, contemplou pelas janelas o alvorecer.

— Vão ficar, mais uma vez, tentando explicar o inexplicável — falou com bom humor para si mesma, olhando para cima.
— Obrigada, Deus. Eu sei que foste Tu. Eu sei. Eu vi. Eu senti. Obrigada por me escolher.

Era uma experiência única, e só Alessandra sabia explicar a sensação. Ela se sentia usada pelo seu Bom Deus. *Se eu tivesse cochilado, não o teria visto tentando acordar*, pensou. O fato era que, ao mesmo tempo que queria compartilhar essa notícia com o mundo, queria resguardar o privilégio. Ficou nesse dilema emocional por um minuto e meio. A porta do elevador se abriu. Ela olhou para dentro e não se moveu.

Decidiu não entrar. Decidiu esperar no andar da UTI, para qualquer eventualidade, e foi se sentar numa cadeira.

Orando, pediu ao Senhor dos Céus e da Terra que lhe desse sabedoria para administrar a cena que presenciara. Nesse mesmo instante, viu a equipe de Drielle saindo do leito de seu irmão. Estavam cochichando e fazendo gracejos. *Deve ser coisa boa*, ela pensou.

Até que a própria médica saiu do leito e foi em sua direção.
— Me conta, doutora, ele voltou a dormir?

Drielle sorriu.

— Nada. Está acordado. Está muito inquieto porque não consegue falar nem se mexer direito. Você já comunicou a Évelyn do milagre que aconteceu aqui?

— Ainda não contei para ninguém. Estava aqui pensando em como e para quem vou falar.

— Para a esposa dele, claro. Aliás, eu preciso dela aqui. Você a chama? Por favor, moça da fé gigantesca.

Educação com doçura. Drielle.

Alessandra sorriu.

— Chamo sim, pode deixar. A senhora vai estar na sua sala?

— Vou. Preciso anotar, estudar e tentar explicar o que aconteceu aqui com base na medicina e nas funções neurológicas.

Alessandra sorriu de canto de boca e deu de ombros.

— Está bem. — Ela sabia que nunca encontrariam uma resposta mundana para aquele fato.

Tão logo a chefe da UTI entrou em sua sala, Alessandra rumou para o leito cinco. No meio do caminho, porém, escutou o elevador se abrindo e, por curiosidade, se virou para ver. Viu Évelyn toda linda. Arrumada. De salto alto. Cabelo penteado e maquiagem. Combinava com a claridade dos raios de sol. Era o que ela chamava de "roupa de igreja". Mas Alessandra se deu conta de que era uma segunda-feira de manhã, e estava bem cedo para Évelyn estar ali.

— Já, Évelyn?

— Pois é. Vim cedo porque temos um exame importante para fazer no Erick. E você, parece que não dormiu nada, né?

— Já sei o porquê de você estar toda arrumada. Quis vir toda lindinha para reencontrar o maridinho.

Évelyn não entendeu o gracejo e desabafou com Alessandra:

— Ah, minha cunhada... Eu conversei muito com Deus, ontem. Não sei mais se devo transmitir a vocês a confiança de que o Erick vai permanecer vivo.

Évelyn pensava na oração na noite passada, quando pediu a Deus que levasse seu marido.

Alessandra não conteve a emoção e, com os olhos lacrimejando, disse a Évelyn:

— Por que a gente não entra no leito juntas? Você precisa ver logo o Erick, porque a doutora Drielle precisa muito falar com você.

— Meu Deus, ele morreu? Me fala. Não estou pronta para ver isso.

— Está pronta sim para o que vai ver. E está linda. Vem que ele vai amar te ver. Teu marido acordou do coma, Évelyn!

Alessandra desmontou em prantos. Évelyn então apressou o passo para entender do que se tratava o comentário da cunhada. Alessandra foi atrás; ela já tinha visto o milagre acontecer. Era a vez da guardiã de Erick viver o mesmo.

Évelyn entrou no leito cinco.

Ela olhou para o marido, e a primeira imagem que viu foi o pescoço dele se virando em direção à porta, os olhos abertos. Évelyn conseguiu fazer a leitura labial em Erick:

— Florzinha. — Era o apelido carinhoso com que chamava a esposa.

Uma lágrima caiu do olho direito dele. Era a primeira vez em anos que sentia a marca de uma lágrima em sua face.

Foi a vez de Évelyn desmontar. Ela saiu do leito e caiu no choro. Florzinha encontrou o ombro de Alessandra e decidiu ficar alguns segundos recostada ali.

CAPÍTULO 31

QUE COMECEM AS BATALHAS

Naquele apertado abraço, recheado de lágrimas, Alessandra tentou entender a reação da cunhada.

— O que foi, Évelyn, ele não te reconheceu?

— Ele não só reconheceu como me chamou pelo apelido da adolescência!

— Uau! Não acredito. E por que você não ficou lá com ele?

— Não é hora de ele nos ver em prantos. Ainda tem muita coisa para acontecer. A guerra só está começando.

Alessandra faz uma leve careta.

— Tarde demais. Eu já chorei horrores ali com ele. — Clima de tensão quebrado com sucesso. — A doutora Drielle quer falar contigo, Évelyn. Ela está na sala dela. Acho que ainda está tentando entender o que aconteceu. Nós duas sabemos que foi o poder de Deus, né?

Elas concordavam.

— Sim. Vou para a sala dela. Aproveita para ficar mais um tempinho com teu irmão.

Évelyn caminhou em direção à sala da querida doutora. Atravessou os corredores e, em poucos segundos, estava abraçando a neurologista.

— Deus realmente cuida de vocês, hein? Teu marido foi guerreiro ao extremo. Acordar naquele nível de sedação é um verdadeiro milagre. Isso é épico e lendário.

— Aconteceu o que tinha que acontecer. Mas algo me diz que é só o começo e que não foi por isso que a senhora me chamou aqui.

— De fato, não foi. Estamos com uma dificuldade. Você lembra que o esperado era que ele perdesse alguma habilidade cognitiva ou motora?

— Lembro, claro. Mas, pelo que vi, a memória, a visão e os outros sentidos estão funcionando.

— Não exatamente. O lado direito dele está todo quebrado, como você sabe. Engessado e com fixadores externos. Mas o problema apareceu no lado esquerdo. Está paralisado, inclusive a face. Penso que agora é a hora de você fazer contato com o fisioterapeuta amigo dele.

— Jean Constantino. Vou ligar agora mesmo.

Évelyn imediatamente pegou o telefone e digitou o número do fisioterapeuta, que atendeu no terceiro toque.

— Oi, Évelyn! Bom dia — disse no viva-voz. — Temos novidades? Posso te ajudar?

— Sim, temos. E, sim, você pode me ajudar. Teu paciente acabou de acordar.

— Meu Deus, não acredito! Que coisa boa de ouvir. Já sei que meu dia vai ser bom!

— Mas eu preciso de uma avaliação sua com urgência, agora mesmo. O lado esquerdo dele está paralisado.

— Chego aí em vinte minutos. Mas fica calma que isso é normal.

Drielle concordou.

— As fraturas dele já foram operadas? — perguntou Jean.

— Ainda não. Vem logo. Quando chegar aqui, me avisa para eu descer e te receber.

Eles desligaram o telefone, e Drielle falou olhando bem no fundo dos olhos de Évelyn:

— Você está feliz, né? E pensar que hoje nós só íamos fazer o eletroencefalograma para laudar o Erick como um vegetal.

— Deus tem algo de muito grandioso preparado. E o que fazemos agora?

— Eu vou ligar para a Erika e dizer que ela e sua equipe já podem começar as cirurgias ortopédicas. Agora é hora de consertar o que quebrou. Eles mandam super bem!

— E eu?

— Você? Você vai ficar do lado do seu marido e espalhar a boa-nova ao mundo inteiro. Ele voltou do vale da sombra da morte. Avise os pais, a família e os amigos que não arredaram o pé daqui. Depois, traga o fisioterapeuta para cá. Ele pode ficar hospedado aqui, se quiser. O jogo acaba de recomeçar, Évelyn. Que comecem as batalhas!

CAPÍTULO 32

CIRURGIAS E DELÍRIOS DE DOR

O sinal verde foi dado para que Erick fosse operado e tratado. Assim que Jean chegou ao hospital, teve acesso ao quarto andar. Privilégio de quem trabalha com saúde.

No leito cinco, Constantino se maravilhou ao ver o velho amigo e parceiro dos ares esboçando um sorriso. Sem titubear, ele já foi trabalhando e apertando o braço esquerdo de Erick.

— Fala, Erick! Está lembrando de mim?

— Claro. Como estão as coisas lá na área?

— Cara, está tudo bem. Estão todos rezando por você e preocupados contigo. Todos te mandam lembranças.

— Legal. Me falaram que eu me acidentei, mas eu não lembro bem das coisas.

— Foi. Você se acidentou e vai precisar passar por algumas cirurgias e uma intensa fisioterapia.

— Por isso você está aqui? Ai! Você está apertando com muita força!

Jean deu um sorriso.

— Seja bem-vindo de volta, senhor lado esquerdo do Erick. Seu lado esquerdo estava paralisado, mano. Erick, preciso te perguntar uma coisa.

— Fale.

— Eu vou ser o seu fisioterapeuta daqui em diante. Assim que você se acidentou, a Évelyn reservou toda a minha agenda para ti. Por tempo indeterminado.

Erick sorriu.

— E a pergunta, qual é?

— A de praxe. Qual é o seu objetivo principal com a fisioterapia?

— Sair dessa cama, lógico.

— Tá. Mas eu quero saber o principal. Você quer sair daqui para quê?

A pergunta ecoou no ambiente. Évelyn e Alessandra estavam próximas para acompanhar o trabalho do fisioterapeuta com o lado esquerdo do corpo do marido e irmão. O que elas não sabiam era que Jean ia fazer o cérebro dele funcionar também.

Erick olhou para as duas e, de maneira muito incisiva, falou para o fisioterapeuta:

— Eu nasci para voar, cara. Eu quero voltar a voar.

— Beleza, então. Vamos trabalhar para isso — respondeu Jean, olhando para Évelyn, que visivelmente não gostou da ideia. — Você já sabe por que está aqui? Te falaram como foi o acidente?

— Não, mas também não me interessa. Eu imagino o que seja, mas minha decisão é essa. Eu quero voltar a voar.

— O que você imagina que seja?

— Fui contratado para fazer um salto noturno na abertura do Festival de Parintins. Do Boi Caprichoso. Você soube, né?

— Claro. Com fogos de artifícios nas pernas.

— Pois é. Algo deu errado nesse salto e vim parar aqui. Estou em São Paulo, imagino. Papai deve ter me trazido para cá.

O salto noturno de Erick de fato tinha acontecido, mas pelo menos um mês antes. E tinha sido um sucesso. Jean olhou para o relógio e pensou que não havia tempo, lógica ou razão para entrar nesse debate com o amigo.

— Cara, eu tenho que ir. Volto no final do dia. E amanhã. E depois de amanhã. E depois e depois. Eles vão ter de fazer algumas cirurgias em você. Vou deixar para tua família a explicação de como você veio parar aqui... em São Paulo. — Ele deu um sorriso maroto para as duas mulheres, espantadas com o delírio de Erick. É comum que um paciente acorde do coma completamente desorientado e desnorteado.

Visto que a neurologista tinha autorizado, era hora de começar as cirurgias no paraquedista. A Dra. Erika Santoro, a par da situação, comemorou muito o despertar do seu mais novo eterno paciente. Ela se emocionou ao ver Erick de olhos abertos. Sabia que precisaria operar várias partes do corpo dele e, como ortopedista-chefe, montou a melhor equipe de especialistas de Manaus.

Ela esteve presente em todas as cirurgias. Não arredou o pé em nenhuma. Seus braços direitos eram o Dr. Willian Su e a Dra. Fernanda.

Ao longo das semanas seguintes, Erick operou o fêmur esquerdo, o punho direito, o joelho direito e o calcanhar direito.

Ao final de cada cirurgia, quando o efeito da anestesia geral terminava, os enfermeiros amarravam as mãos de Erick ao leito, porque ele gritava e se debatia incessantemente, de tanta dor. Ele simplesmente não acreditava que estava passando por aquilo e entrou num estado de insanidade mental por causa das muitas medicações e dores pós-operatórias.

A cada momento, Erick pensava estar em um local diferente do mundo. Às vezes, chegava a se comunicar exclusivamente na língua inglesa. Ele já era fluente, e o traumatismo craniano parecia ter sido um intensivo. Corpo humano, quem entende?

Jean, ao iniciar cada sessão, perguntava para Erick onde eles estavam. Roma, Nova York, Paris... A imaginação do paciente 1802 ia sempre longe demais. As coisas começaram a melhorar quando Erick finalmente começou a acreditar estar em Manaus.

Um dia, Évelyn entrou no leito e disse:

— Amor, teu acidente foi de *base jump*.

— Para. Impossível. Um acidente de *base jump* é fatal. Ninguém sobrevive.

— Pois é. Mas você milagrosamente sobreviveu.

— Como foi que aconteceu?

— O paraquedas simplesmente não abriu. Os meninos disseram que você foi direto para o chão, em queda livre.

— Impossível. É impossível o paraquedas não abrir.

— Mas você não estava fazendo paraquedismo. Estava fazendo *base jump*.

— Na boa? Você sabe que eu estou ruim aqui e vem mentir para mim. Sacanagem.

— Para de grosseria. Por que eu mentiria para você?

— Não sei.

— Se você não acredita em mim, pergunta pros meninos, que te salvaram e te fizeram chegar vivo aqui.

— Que meninos?

— O Tito e o Denis. Tua equipe de pesca. Vocês tinham ido pescar no rio Urubu, e na volta você teve a brilhante ideia de saltar da antena.

Erick deu uma gargalhada sarcástica.

— Sai daqui. Sai! E pode levar suas mentiras com você. Ninguém sai para viajar, se divertir, pescar, beber e decide fazer um *base jump*. Ninguém.

Évelyn relevou tanto quanto possível o mau humor do marido, pois sabia que as dores dele beiravam o insuportável.

No dia seguinte, os amigos da equipe de pesca foram até o Santa Júlia e, a duras penas, convenceram Erick da verdade.

As dores insuportáveis, os delírios geográficos, as fisioterapias exaustivas e o poliglotismo iam tornando o nome de Erick lendário no hospital e na cidade. Seu feito de sobreviver à queda de uma altura equivalente a um prédio de trinta e três andares se espalhou pelo país inteiro. E as pessoas ficavam ainda mais espantadas quando sabiam (mas não acreditavam) que ele estava determinado a voltar a voar.

Assim passaram-se os primeiros vinte e cinco dias de UTI. Ele enfim pôde ir para um quarto. Era hora de receber visitas.

Numa delas, um mês após o acidente, ele viu entrar no apartamento a conhecida, amada e salvadora Dra. Drielle Sales. Ele sabia que Drielle, como chefe da UTI, raramente descia até as alas de apartamentos. Mas ela não estava lá para falar com Erick. Chamou Évelyn para uma conversa particular.

— Que droga, vão querer me levar de volta para a UTI. Alguma cirurgia deve ter dado errado — Erick falou consigo mesmo.

CAPÍTULO 33
A MELHOR NOTÍCIA

O quarto do Santa Júlia era extremamente limpo e bem-arrumado. A cor branca transmitia paz ao paciente. Erick se perguntava se eram todos assim. Isso o fazia se sentir bem, porque ele odiava qualquer tipo de bagunça e desorganização.

Ele sempre tentava, com muita educação, subornar os enfermeiros para que lhe trouxessem uma dose do seu uísque. Óbvio que nenhum aceitava. Não podiam deixar nem mesmo álcool setenta por cento perto dele.

Que crise de abstinência!

Ao longo dos últimos cinco dias, Erick vinha sendo atendido por uma enfermeira que devia ter duzentos anos de vida. Assim que a neurologista saiu do quarto com Évelyn, a porta pesada voltou a se abrir, e ela entrou. O vento forte que entrou junto fez ele se lembrar que era hora das medicações.

A velhinha o encarou com uma desconfiança desnecessária. Ela usava óculos pequenos demais para o seu rosto, de forma que as hastes de metal se enterravam nas dobras que a pele fazia sobre as têmporas, e uma peruca esquisita lhe adornava a cabeça.

— Bom dia, enfermeira.

Sem resposta. Erick pensou que talvez não tivesse sido ouvido e decidiu repetir:
— Bom dia, enfermeira.
— Vim trazer medicação e dar uma geral no quarto.
Uma educação francesa, Erick pensou.
— Não precisa. O quarto está ótimo do jeito que está, enfermeira. Fique tranquila. — Erick, que estava num bom-dia, queria arrancar uma informação dela. Era hora de agir. — Eu já falei que a senhora é sempre muito elegante e que a sua presença aqui faz um bem danado?
O charme em pessoa.
— É? Obrigada. Vou aplicar essas medicações diretamente na sua veia pelo acesso.
— Faça como a senhora achar melhor. Prometo não sair daqui.
Ela sorriu. Ótimo. Um progresso.
— Deve ser difícil tratar todo tipo de pessoa aqui... — comentou Erick, com um olhar pedinte.
— O senhor não faz ideia, senhor Erick. Tem dias em que a gente vai para o banheiro chorar.
Erick tinha encontrado um ponto sensível. *Ótimo. Não perdi o jeito*, pensou.
— Não consigo nem imaginar. Me conta, a senhora sabe o que a doutora Drielle queria conversar com a Évelyn? Vão me transferir?
— Não é meu setor. Então não sei lhe dizer.
— Nem uma pista do que possa ser? — Erick perguntou, com uma das sobrancelhas levantada e piscando um olho para a senhora.
— Elas estavam comemorando. Estavam se abraçando. Vi tua esposa agradecendo a doutora.

A velha piscadinha ainda funciona, pensou Erick.

— Acho que podem lhe dar alta a qualquer momento.

Essa informação deixou Erick completamente desnorteado. Era a última coisa que imaginava ouvir. A enfermeira percebeu a reação e achou por bem deixar o paciente curtir o momento.

Erick ficou esperando a entrada da esposa com a doutora, tentando assimilar o "podem lhe dar alta a qualquer momento". A cabeça oscilava e um juiz interior contava até dez para declarar o nocaute.

A porta do quarto se abriu novamente e, pelo semblante da esposa e da médica, ele teve certeza: finalmente voltaria para casa. Iria rever sua doce Agnes antes do aniversário de um ano da filha.

Não aguentou. Caiu no choro. Todos caíram.

Évelyn foi quem quebrou o silêncio:

— Nós conseguimos montar um mini-hospital em casa. Você vai ficar em regime de *home care*. Vai continuar sendo assistido por enfermeiros e médicos.

— Eu vou voltar para casa. Vou rever a Agnes. Mais uma fase desse maldito videogame da vida real em que entrei! Mais uma fase!

As duas amigas se entreolharam sem entender o comentário. Drielle estava com uma saia florida que se estendia até seus pés. A maquiagem dera uma leve borrada com as lágrimas que caíram segundos antes. Erick gostava da elegância com que ela sempre se vestia e da gentileza com que se portava. Ela quem perguntou a Erick:

— Que videogame de vida real é esse, menino?

— Eu já me conscientizei do que aconteceu comigo, da gravidade da situação em que me encontrava. Mas fui e serei muito assertivo com relação ao meu tratamento.

— Do que você está falando, Erick?
— Eu vou voltar a voar. Eu sei que vou. Eu nasci para vencer meus medos e desafios. Já falei isso. E, para mim, quando sair do avião com meu próprio paraquedas, vai ser como se tivesse zerado o jogo. É o chefão. É meu *gran finale*. Nesse instante a minha vida voltará ao normal. Mas não posso sair daqui todo engessado, com fixadores externos, sondas... não. Primeiro preciso passar de fase em fase para ir ganhando vidas. Ganhando forças. Ainda vou conseguir me mexer pros lados, sentar sozinho, usar cadeira de rodas, ficar em pé, andar de muletas e bengala, para então começar a pensar em vencer esse chefão.
— Uau.

Erick, o poeta.

— Teu ortopedista sabe disso?
— Vai saber. Vai ver. Todos vão ver.
— Vai ser lendário se você fizer isso.
— Não dá corda para esse menino, Drielle — interrompeu Évelyn.
— Não é questão de "se", mas de "quando" — falou Erick. — *Legends never die*, doutora. Mas agora vamos resolver o impasse do momento. O que falta para eu ficar com a minha filhota em casa?
— Não falta mais nada, amor — disse Évelyn. — Teu pai já está vindo aqui com o carro e gente para ajudar.

Ele voltou a derramar uma lágrima. Foi a melhor notícia dos últimos tempos. Mais uma fase que o atleta conseguira vencer.

CAPÍTULO 34
A VOLTA PARA CASA

Pode parecer óbvio, mas qualquer pessoa que fique mais de uma semana internada em um hospital — por melhor que este seja — sonha em voltar para casa. Com Erick, não foi diferente. Ele estava havia trinta e três dias longe de casa. Sentia falta de tudo em seu humilde apartamento. Sentia falta da cama, da comida, da liberdade, da varanda. Mais do que tudo, sentia falta de sua doce Agnes. *Como será que ela vai me receber?*, pensava Erick.

— Só tem um jeito de descobrir — falou para si mesmo.

Papelada assinada, alta médica declarada e carro na entrada do hospital. Um grupo de enfermeiros, técnicos de enfermagem e médicos, emocionados, foram se despedir da épica figura.

— Eu agradeço, pessoal. Por tudo. Por tanto. Pelo coração que vocês deixaram comigo. Nunca vou me esquecer — disse Erick de forma muito sincera e honesta. Seus olhos lacrimejavam. — Mas agora é hora de alçar voos maiores. Vocês estarão sempre em meu coração.

Os dias na cidade de Manaus geralmente são quentes. Há quem diga que existe um sol para cada habitante. Mas, naquela terça-feira, parecia haver dois para cada. Tão logo a porta do saguão principal se abriu, Erick sentiu o bafo do verão. O enfermeiro que pilotava a cadeira de rodas falou:

— Você estava com saudade desse calor, pode confessar!

Erick apenas sorriu. Estava concentrado nos próximos passos e em como a filha reagiria à sua chegada.

O trajeto até sua casa não demorou nem dez minutos. Rapidamente ele se encontrava de volta ao subsolo do edifício em que morava. Sua mãe e tia estavam por lá, prontas para filmar a nova etapa da vida do filho e sobrinho. Eles entraram no apertado elevador e Évelyn apertou o botão nove.

O coração de Erick batia forte. *Tá chegando a hora.*

No nono andar, o elevador se abriu e ele enxergou a porta do apartamento já aberta. Familiares, amigos, secretárias do lar, enfermeiros, técnicos... estavam todos lá. Mas a principal presença estava no colo de sua cunhada. Todos sorriam. A reação de Agnes, como era de se esperar, foi de susto. Na última vez que tinha estado com o pai, ele tinha cabelos longos, barba, animação de sobra, dez quilos a mais e era capaz de ficar de pé para carregá-la. *Que se dane,* pensou ele, *vou reconquistar isso tudo.* Suas energias foram recarregadas quando colocaram Agnes frente à sua face e ele pôde beijá-la.

— Oi, pessoal. Estou de volta. Obrigado por toda a ajuda e apoio que vocês deram para minha família.

— Seja bem-vindo de volta, meu filho! — disse sua sogra enquanto o abraçava. — A casa já está toda equipada e preparada para você. O pessoal da equipe médica deixou até o banheiro pronto para a cadeira de rodas.

Erick recordou sua atual situação e, de pronto, retrucou:

— Não vai durar muito tempo. Não vai durar muito tempo. Por falar nisso, Évelyn, preciso falar com o Jean.

— Sobre o quê?

— Eu preciso seguir fazendo fisioterapia. O relógio já virou meu inimigo.

— Eu imaginei que você falaria isso. Hoje à noite mesmo Jean estará aqui.

— Pronto. Era isso mesmo que ia pedir. Que bom que começamos hoje. Agora só quero matar a saudade da Agnes e da minha cama! Estou cansado.

O enfermeiro plantonista, de pronto, fez as rodas da cadeira girarem, levando o antigo paciente 1802 para seu quarto. O paraquedista repousaria um pouco para aliviar as insuportáveis dores que não o abandonavam. De uma coisa Erick sabia: tinha vencido mais uma fase. E qual seria a próxima? Na noite daquele mesmo dia, ele descobriria com seu fisioterapeuta. Constantino seria peça fundamental no seu plano.

CAPÍTULO 35

QUE PLANOS ABSURDOS!

Quando o ponteiro do relógio cravou sete e dez da noite, a campainha soou. Erick aguardava ansiosamente. Já estava de banho tomado e sentado em sua cadeira de rodas, na sala de casa. Havia em sua residência uma pequena plateia: sua mãe, Tiazinha, Évelyn, sua sogra e seus cunhados, todos ansiosos para saber o que aconteceria na próxima fase.

Pois bem, que vejam, Erick pensou.

Jean Constantino estava acostumado e preparado para lidar com essa ansiedade por parte dos familiares.

— Boa noite a todos — ele saudou ao entrar. — E aí, Erick, está pronto?

— Mais do que nunca. Vamos fazer acontecer. Chegou a hora!

— Chegou. Relembra para mim onde nós estamos e qual é o seu objetivo final com a fisioterapia.

— Estamos na minha residência, situada em Manaus, capital do Amazonas, República Federativa do Brasil. E estamos fazendo isso para que eu possa voltar a voar.

Erick, o detalhista.

— Então, vamos começar. — Jean vestiu o jaleco e começou o trabalho que, acreditava, duraria a sua vida inteira.

***

Conforme Erick imaginava, os dias seguintes foram de dores infernais. Ele pensava estar vivendo uma porção do inferno a cada dia. É claro que sabia que o processo para voltar a andar seria difícil, mas aquilo estava além de suas expectativas. A ponto de, em certo momento, Erick secretamente se indagar se valia a pena pagar tal preço. Por fim, ele perdeu o foco e decidiu que não valia a pena continuar lutando. Comunicou à esposa:

— Eu não estou mais aguentando. Acho que deu para mim. Estou planejando dar um fim nessa vida infernal que esse Deus está programando para mim.

— Não fala assim, menino. Deus é a razão de você estar aqui.

— Por isso mesmo esse meu ódio a qualquer figura divina. Que raiva! Por que comigo?

— Se você ainda não entendeu, é porque ainda não está pronto para morrer. Morrer, para você, ainda não é lucro.

Erick guardou aquelas palavras como quem guarda uma casca de banana dentro do lixeiro. Nem ligou. Pelo contrário, começou a planejar o próprio fim.

— Não me interessa para onde eu vá depois de morto. Qualquer lugar é melhor do que sofrer o que estou sofrendo aqui — dizia a quem quisesse ouvir.

Para o paraquedista inválido, não havia argumentos que lhe convencessem do contrário. Estava decidido. Era tempo de se matar. Um novo plano começou a ser arquitetado em sua mente.

O plano mais óbvio era se jogar da varanda do prédio. Ele morava no nono andar. Pediria ao enfermeiro que o levasse para tomar banho de sol na varanda e daria um jeito de se jogar. Pronto. Resolvido.

— Mas que merda... Eu caí de uma altura maior do que essa e não morri. Do jeito que Deus me odeia, além de sobreviver, ainda vou sentir mais dores.

Erick, o sensato. Plano abortado.

O plano número dois era bem mais complicado. Erick era atirador esportivo e fazia questão de sempre andar com sua pistola por perto. Lembrou que tinha levado a arma na última pescaria e imaginava que ela estaria com algum dos amigos. Diria apenas que gostaria de deixá-la guardada no armário e, no momento oportuno, dispararia na própria cabeça.

— Que droga, a Évelyn já avisou os dois da minha vontade de morrer. Eles nunca dariam esse mole.

Erick, o amigo preocupado. Plano abortado.

A cada momento de dor e desespero, sempre lhe vinha à mente a seguinte expressão: "homem de dores, homem de dores".

Ele se considerava o próprio homem de dores. Naquele estágio de total perda de sentidos morais e racionais, ainda não tinha se dado conta de que tinha muito o que aprender sobre o que é ser um homem de dores.

Mas haveria de aprender. A lição que começara naquele quinze de setembro ainda não tinha terminado.

CAPÍTULO 36
O HOMEM DE DORES

Sete dias se passaram, e as absurdas confabulações de Erick nos momentos de intensa dor não davam em nada. Uma força maior sempre fazia com que seus planos de suicídio falhassem.

As sessões de fisioterapia continuavam, e a morfina tornou-se remédio de cabeceira. Ele sempre tinha que tomar uma antes e uma depois de cada sessão, e as dores não passavam. Homem de dores, homem de dores. O excesso de dor o afetava em todos os aspectos. Era impossível sentir qualquer tipo de apetite, de bom humor, de força. Ele continuava isolado do mundo. Sem contato telefônico, só queria receber visitas de familiares, da equipe de pesca e do fisioterapeuta.

No dia vinte e cinco de novembro, retornou à ortopedista responsável pelas cirurgias. Era hora de tirar radiografias, para acompanhar o progresso. Ao entrar pelo saguão principal do hospital, sentiu o cheiro forte e o clima gélido dos quais fazia tanto esforço para esquecer. Erick tinha se convencido de que aquele local fora a sua maior arena, o local onde travara uma épica e lendária batalha pela vida. Para ele: a batalha final.

Josias e Elom o acompanhavam. Ajudariam a virar e revirar o corpo de Erick na fria, dura e desconfortável estrutura de ferro onde se fazia os exames de imagem. Terminados os exames, eles tiveram de esperar os resultados para serem atendidos pela Dra. Erika, o que levou alguns minutos. Demorou mais alguns até que a doutora os chamasse para seu consultório. Sim, Erick amou a agilidade e a rapidez. Gostava de acreditar que tinha prioridade por ter sido hóspede em uma espécie de programa fidelidade do hospital.

Não tinha nada a ver.

— Erick, Elom e seu Josias, podem entrar — disse a médica. Depois que os três se ajeitaram, ela perguntou: — Então, Erick, como você está se sentindo?

— Mal... péssimo. Minhas dores não passam.

Erick, a sinceridade em pessoa.

— Qual parte dói mais?

— Meu pé e meu fêmur.

— O fêmur dói porque você está muito magro. Como estão as fisioterapias?

— Infernais. Eu gemo e grito de dor em cada uma.

— Mas você já está ficando de pé?

— Não. Vamos fazer isso dentro da água. Hidroterapia.

— Ah, sim. Boa. Mas olha só, Erick, eu preciso ser honesta com você. Algumas das suas dores não vão passar. Eu conversei com a neurologista e ela falou que seus nervos do pé deixaram de existir. Claro que ela está tentando acertar na medicação e te trazer algum alívio e qualidade de vida. Aliás, todos nós estamos.

— Eu sei. Eu sei. Obrigado por isso. Nem sei como agradecer.

Ela sabia como desmontar e desarmar Erick.

— Mas, ainda sendo honesta contigo, vou tentar explicar

de uma forma fácil de você compreender o que estou vendo aqui nas radiografias. — Os olhos de Erika se entristeceram. — Não tem mais osso no teu tornozelo direito. E muito pouco se sabe sobre implante nessa região do corpo. Então, não há muito o que fazer. Talvez daqui a dois anos você consiga ficar de pé. Mas não conte com voltar a andar.

O paraquedista encarou a doutora bem no fundo dos olhos. O pai e a médica se esforçaram para não chorar. O irmão nem tentou, deixando as lágrimas caírem naturalmente. Erick encarnou um papel só seu e, de maneira muito firme, começou um diálogo com ela:

— Sobre as minhas fisioterapias, eu posso dizer a ele para continuarmos forçando? Para continuarmos levando até o limite?

— Sim. Se você aguentar, é claro que pode. Só peço cuidado porque sei que o seu limite é extremo, mas a sua realidade agora é outra. Não quero que crie expectativas demais.

— Não precisa se preocupar. — Homem de dores, homem de dores. — Mas deixa eu lhe falar uma coisa com todo o respeito. Posso?

— Claro — Erika respondeu em tom de curiosidade. — O que quiser.

— O meu caso não é sobre voltar a andar. Eu vou voltar a correr, vou voltar a voar. A senhora, assim como a Évelyn, alguns familiares e amigos meus, tem dito essa mesma coisa dia após dia. É o tipo de ladainha que me motiva. Eu respeito a senhora e a Évelyn, porque estudaram e entendem do assunto, mas eu não vou parar. Tudo começa na mente, e a minha está focada. Custe o que custar, eu vou voltar a andar, e antes do que vocês imaginam.

— Eu entendo, Erick. Admiro muito a tua força de vontade e determinação, mas eu tenho que ser honesta contigo e falar o que eu estou vendo na radiografia. Não vai rolar. Se você operar e fizer uma artrodese, talvez a gente consiga te colocar de pé.

— Não. Eu não tenho mais nenhuma cirurgia para fazer. Meus dias de luta aqui acabaram.

— É uma decisão que, agora, é exclusivamente sua. Você já está no poder das suas faculdades mentais. Leve até onde você aguentar.

— E a minha decisão é não. Eu vou me reerguer sem cirurgia alguma. Vai ser à moda antiga. Sangue, suor e lágrimas. Eu vou até o limite. E o desafio é estabelecer um limite novo a cada dia Homem de dores, homem de dores.

— Está bem, Erick. Eu respeito e admiro. Só tome cuidado. Vou estar sempre aqui para o que você precisar.

— Obrigado, minha amiga. Muito obrigado — disse Erick, fazendo sinal para o pai empurrar a cadeira de rodas para fora de lá.

O corredor dos consultórios era ainda mais claro e limpo do que Erick lembrava. *Por Deus, por que é que precisa ser tão frio aqui?*, pensou. No trajeto de oitenta metros, Erick pensou que a opinião da especialista — que cuidara de cada fratura sua e tinha as melhores intenções — tinha muito valor. Naquele percurso, ele sentiu como se o peso do mundo estivesse sobre seus ombros. Ouviu o eco das palavras "você não vai voltar a andar" a atormentar sua mente. Um eco alto demais. Deu-se por vencido, não suportou continuar encarnando o papel espartano de cinco minutos atrás.

Erick baixou a fronte, levou as mãos ao rosto e começou a chorar amargamente. Seu pai parou a cadeira de rodas, pois sabia que o filho não gostava de expor sua fragilidade em público. Então, de maneira muito singela, honesta e sincera, colocou as mãos sobre os ombros de Erick e sussurrou em seu ouvido:

— Filho, calma. Descansa e confia. Aquele que começou a boa obra em você vai terminar.

— Mas, pai, você ouviu o que ela disse. E eu não sei se vou aguentar muito mais tempo. Tem doído muito. Não paro de sentir dor.

— Eu sei, filho. Eu sei. Mas Deus vai concluir a boa obra que começou naquele dia.

Josias, a voz da experiência. Alvejado por seis tiros em 1997.

Deus novamente vindo à mente de Erick. Naquela altura, ele já não encontrava razão alguma para ter qualquer proximidade com a Divindade d'Ele.

— Está bem. Só me leva para casa. Eu tenho fisioterapia mais tarde.

Homem de dores, homem de dores.

O trajeto do Santa Júlia até a porta do apartamento 901 levou exatos doze minutos. Minutos de tormento, porque, na mente de Erick, martelavam as palavras de Erika. A opinião da doutora realmente mexera com o paraquedista, que tampouco entendia por que a expressão "homem de dores" não o deixava em paz.

Ao chegar em casa, foi recebido pela esposa com a filha no colo.

Évelyn sabia como animar o dia do marido — e a doce Agnes era sempre um tiro certeiro.

— Como foi lá? — perguntou Évelyn.

— Igual sempre. Ela falou a mesma coisa que você já sabe. Meu tornozelo não volta mais ao normal.

Évelyn deu de ombros e decidiu ficar calada, porque percebeu a tristeza do marido.

— Mas a parte boa — continuou Erick —, é que podemos continuar a fisioterapia. Ela autorizou a pegar pesado e ir até o limite.

— Limite de quem?

— Meu. É o meu limite que dita as regras do jogo agora. É até onde eu aguentar.

SEIS SEGUNDOS

— Você não acha que já está sofrendo demais?
— Ainda posso mais.
Homem de dores, homem de dores.
Erick perdeu a paciência e decidiu resolver esse dilema mental ali mesmo.
— Me empresta o celular aí, por favor.
— Amor, você sabe que ainda não está pronto para fazer contato com o mundo lá fora.
— Sei. E não vou. Só quero acessar o Google. Aliás, deixa para lá. Enfermeiro, me leva até o escritório, por favor. Lá tem um computador.

A cadeira de rodas cruzou a estreita porta do escritório — na verdade, quarto de hóspedes, depósito de malas, armário e biblioteca —, e Erick ficou em frente ao computador pela primeira vez desde o fatídico domingo de setembro. A máquina já estava ligada, e ele só teve o trabalho de abrir o conhecido site de busca. Digitou o sinal de aspas e a expressão que o atormentava. Precisava saber do que se tratava. Homem de dores. Fechou as aspas e apertou a tecla Enter.

Como resultado principal, para a surpresa de Lira, apareceu uma referência bíblica. Isaías (cap. 53, v. 3).

— Bíblia? Não pode ser.

Ele então pegou uma Bíblia Sagrada que estava por ali e procurou o versículo em questão, para verificar a informação. E achou o seguinte:

> "Foi desprezado e rejeitado pelos homens,
> um homem de dores
> e experimentado no sofrimento.
> Como alguém de quem os homens escondem o rosto,
> era desprezado, e dele não fizemos caso."

No mesmo instante em que Erick leu a passagem bíblica, as lágrimas correram livremente pelo seu rosto. Ele apenas se quebrantou e se deixou abandonar nos braços de quem já fora seu Pai.

— Senhor Erick, está tudo bem? — perguntou o enfermeiro, preocupado.

— Não. Não está. Já faz algum tempo que não está. Por favor, amigo, me dá licença? Preciso ficar um pouco sozinho.

— Tem certeza? — O enfermeiro sabia dos planos absurdos de Erick.

— Tenho. Confia em mim.

O enfermeiro então saiu — porém, ficou à espreita próximo à porta. Erick leu e releu o versículo. Finalmente entendeu que, durante todo aquele tempo, Deus estava querendo falar com ele. Estava querendo ter um relacionamento com ele e, de alguma forma que até hoje Erick não saberia explicar, todo seu conhecimento bíblico aprendido ao longo de uma vida inteira dentro da igreja voltou à sua mente. Ele relembrou versículos, textos, lições, histórias, pregações, louvores e parábolas. Relembrou a parábola do filho pródigo.

— Sempre há tempo de voltar para casa — disse a si mesmo.
— Ainda há tempo.

Erick, de forma muito resoluta, tomou uma decisão que mudaria a sua vida para sempre. Chamou o enfermeiro e pediu para levá-lo até seu quarto. Lá, ao lado da cama, de forma desajeitada, conseguiu se colocar de joelhos e pediu ao enfermeiro que saísse e fechasse a porta. Assim foi feito. Agora era o momento de Erick. Depois de uma década, ele finalmente se sentia livre para falar abertamente com o seu Pai.

— Oi, Deus, sou eu de novo. O senhor deve estar cansado de só me ver reclamando. Me desculpa por isso. Mas eu quero Te agradecer por ter me permitido sobreviver àquela catástrofe do dia quinze de setembro. Sei que estive bem longe de casa e, mesmo assim, Tu estás me dando uma nova chance. Me ajuda a viver essa nova chance de uma forma que Te agrade. Da forma correta. Me ajuda a, acima de tudo, proteger minha família. Entra de volta na minha casa. Entra na minha vida de uma vez por todas. E que eu continue ao Teu lado, custe o que custar. Em nome de Jesus, amém.

O ferido homem terminou a oração e se deu conta de que ainda não conseguia se levantar sozinho. *Preciso de ajuda*, pensou. Quando levantou a cabeça e olhou para trás, viu sua esposa com o rosto molhado de lágrimas e o celular na mão. Ela bateu uma foto e disse:

— Finalmente, amor! Finalmente você está de volta!

Ela se ajoelhou ao seu lado e o abraçou. Ele voltou a chorar e sussurrou em seu ouvido:

— Me perdoa. Me perdoa por ter passado tantos anos longe. Eu traí tua confiança. Eu menti para você. Eu tive outras mulheres. Me perdoa...

— Não precisa falar mais nada. Não há mais condenação alguma. Eis que, finalmente, tudo novo se fez. Só promete que vai tentar, dia após dia, ser uma nova criatura.

— Dia após dia. Combinado.

Évelyn chamou o enfermeiro e os dois colocaram Erick na cama. Ele deitou a cabeça no travesseiro e disse:

— Agora sim o jogo vai recomeçar. Passei da fase principal e ganhei vidas suficientes para enfrentar o que for. Deixa vir!

Évelyn e o enfermeiro sorriram e deixaram Erick sozinho. Ela podia espalhar a notícia de que a principal cura da qual o marido precisava tinha acabado de acontecer. Erick se submetera à principal cirurgia em todo esse processo: a cirurgia cardíaca. Era um coração novo que estava batendo no peito dele.

Erick enfim entendeu que, para o verdadeiro homem de dores, não havia impossível. E que a batalha agora seria unicamente física. E todos sabiam que, para essa batalha, Erick tinha forças o suficiente. O inimigo agora era outro. Que recomecem as batalhas. Que recomecem os jogos.

CAPÍTULO 37

QUE O JOGO RECOMECE

Duas semanas depois

Claro que, após a decisão de Erick de se converter de forma integral e definitiva ao Evangelho, muitas pessoas acreditaram piamente que as suas dores finalmente cessariam e ele logo voltaria à sua normalidade. Era o que se esperava do Deus do Impossível.

Mas não foi assim.

As dores de Erick eram mais intensas e constantes do que antes. A sua neurologista e amiga continuava tentando acertar a medicação para as dores neuropáticas, ao mesmo tempo que tentava diminuir a dosagem da morfina.

— Mas, Erick, você precisa pegar mais leve na fisioterapia. Do contrário, vai acabar se viciando em morfina — dizia Drielle.

— Vamos fazer o seguinte, então. Pode diminuir a dosagem do remédio. Mas eu vou manter a intensidade na fisioterapia, afinal teremos uma novidade nesse processo.

— Ai, meu Deus, que novidade?

— O plano de saúde autorizou um fisioterapeuta por conta do *home care*. Gabriel Maciel, o nome dele.
— Você vai abandonar o Jean, então? Ele cobra, né?
— Não e sim.
— Não entendi.
— Sim, o Jean cobra. E cobra caro. Mas é o valor justo. Ele está fazendo um trabalho de alta performance em um atleta de alta performance. Mas, não, eu não vou abandoná-lo. O plano é o seguinte: faço fisioterapia pela manhã e pela noite. Duas por dia — falou Erick, cheio de confiança, e piscou um olho para a doutora.

O charme voltando à tona.

— Eu não acredito. Não pode ser. Tua mulher e tua ortopedista já sabem disso?

— Já. Elas disseram que confiam no conhecimento do Jean. Se ele desse o ok, eu podia começar. E adivinha? Ele deu o ok. Disse que meu corpo tem plena capacidade de aguentar. Que só preciso suportar as dores, que vão aumentar.

— Que loucura! Você não acha que está exagerando?

— Não. Não acho. O que eu acho é que está cada vez mais perto o dia em que vou te receber em pé na porta de casa.

A motivação de Erick se tornou tamanha que aceitou receber visitas diversas em casa. As pessoas iam para ouvi-lo e para se certificar da força de vontade de alguém que estivera em estado vegetativo. Para cada uma dessas pessoas, ele dizia que não havia dor no mundo que fosse pará-lo.

Os meses foram se passando, e Erick sempre fazia questão de enfatizar que essa força tinha nascido no dia em que ele entrara pela porta do escritório e reencontrara o seu homem de dores. Uns entendiam facilmente, outros com dificuldade, e alguns apenas saiam motivados a viver de uma forma completa e intensa. Ver o paraquedista se esforçando, indo até o limite de seu corpo, era o suficiente para muitas das visitas. As pessoas queriam aprender ouvindo-o.

Erick fazia fisioterapia pela manhã, convencia o técnico de enfermagem — Diego Rodrigues — a aplicar exercícios à tarde e fazia mais fisioterapia à noite. *Eu descanso durante a madrugada*, pensava.

Erick chorava a cada derrota. Cada perda de força entre um exercício e outro. Isso lhe doía, mas ele não se deixava esmorecer. Chorava calado, enquanto conversava com Deus. Por outro lado, comemorava cada vitória. Cada uma era considerada por ele como um grande milagre. Até os dias de hoje, o paraquedista se emociona quando lembra dos primeiros três passos apoiando-se em um andador. Seu primeiro pedido foi para que Diego parasse a cadeira de rodas em frente ao banheiro, porque ele o utilizaria sozinho após muitos meses — exatamente sete meses após o fatídico quinze de setembro.

Desde que acordara do coma, Erick gritava aos quatro ventos que teria forças para voltar a voar. Que voltaria mais forte do que antes. Claro que, no máximo, meia dúzia de pessoas acreditava que ele conseguiria. Mas e daí? Ele não aceitava desistir. No seu momento de maior fraqueza, encontrou o grande refrigério para sua alma. Foi a combinação perfeita das forças físicas com as forças espirituais interagindo de maneira misteriosa e poderosa dentro do atleta.

Um dia, em uma visita, Tito e Denis entraram no quarto para ver Erick. O quarto era mediano, mas tinha grandes armários e uma mesinha de cabeceira de cada lado da cama *queen size*. Erick estava lendo a sua Bíblia King James do lado esquerdo do colchão, para manter seu lado direito em constante movimento. E com o ar-condicionado desligado — o frio causava dores após as sessões de fisio.

— Fala, rapaziada, que bom ver vocês aqui!
— Fala, Tony Stark — disse Tocha.

Cada um na equipe tinha um apelido, e a alcunha de Homem de Ferro para Erick se mostrara profética.

— E aí, Lenda! — disse o Mestre. — Como você está se sentindo, meu amigo?

Denis havia tatuado no antebraço um paraquedista em queda livre, com os dizeres "E.L., a Lenda".

— Ah, cara, eu tô legal! Parece que a neurologista acertou na dosagem da medicação.

— Que maravilha! As dores passaram?

Erick deu um leve sorriso de canto de boca. Um bom sinal? Talvez.

— Não. Não passaram. Ela disse que essas dores serão para sempre. Que não tem cirurgia ou procedimento que as faça passar. Mas nós estamos num bom caminho para controlá-las e torná-las suportáveis, para eu ter uma qualidade de vida boa e continuar focado no meu objetivo.

— Você ainda não desistiu de saltar de paraquedas, Erick? — perguntou Tocha.

— Não. Nem vou. Eu sei que vou conseguir. Eu tenho que conseguir. Desistir não é mais uma opção.

— Você acha que volta em quanto tempo? Mais uns dois anos?

— O tempo que vai demorar, eu não tenho como dizer. Há outras fases ainda. Preciso andar sozinho, voltar a dirigir, voltar a trabalhar, conseguir levantar a Agnes do chão, carregá-la no colo. Não posso atropelar as coisas e colocar tudo a perder. Mas a previsão de dois anos? Nunca na vida. Muito antes disso eu já estarei voando.

Denis ficou reticente. Havia uma pergunta que todos queriam fazer.

— Tony, e o *base jump*? Você vai voltar a fazer?

Erick fechou a Bíblia, baixou a cabeça, respirou fundo e falou de forma muito honesta e clara, ainda que com tristeza:

— Não. A minha carreira como *base jumper* acabou. Prometi à Évelyn. E, na linha que sigo agora, eu nunca mais quero mentir. Então acabou. Nada mais de saltar de prédios, pontes, antenas, guindastes ou montanhas. Para mim, deu o que tinha que dar.

— Posso pedir para você prometer para a gente também? — perguntou Tocha, zombando.

Erick sorriu.

— Combinado. Estamos combinados. Focar no paraquedismo. Ainda vou ser grande nesse esporte. Confiem em mim.

Os três sorriram, e os dois amigos de Erick se sentiram aliviados. Erick não era de mentir para eles. Aquele combinado não sairia caro. E, quando Erick dizia "confiem em mim", era porque no final das contas tudo daria certo. Sempre deu.

Será que daria certo uma última vez?

CAPÍTULO 38
A ESPERANÇA QUE VOLTOU

Quando alguém está vivendo um ápice de felicidade, o tempo parece voar. Já quando está sentindo fortes dores, o relógio parece parar. Erick vivenciava essa segunda situação, dia após dia. Já havia se passado nove meses desde o acidente que o destruíra, e ele se perguntava quando começaria a usar todas as suas vidas para enfrentar o chefão desse videogame da vida real.

Ao longo da jornada, Erick passara por diversas fases: já tinha conseguido voltar a trabalhar, mesmo que de cadeira de rodas; passara a usar andador, muleta e bengala; voltara a andar; mesmo no trabalho, com a ajuda de Diego, fazia exercícios na escada da empresa. Já conseguia escovar os dentes e fazer suas necessidades sem precisar de ajuda. A lenda de Erick foi tão longe que ele foi convidado pela TV Record para contar sua história em rede nacional, no programa Domingo Espetacular. Ele sabia que estava indo longe demais em sua dedicação para voltar aos ares, mas o detalhe era que Erick tinha um grande trunfo, o qual somente ele sabia. A decisão que tomara na volta da consulta com a ortopedista mudara completamente o andamento de sua vida. Daquele dia em diante, o paraquedista voltou a ter aquilo que perdera havia muito tempo — ele voltou a ter esperança. Claro que as dores o atormentavam, mas ele agora sabia que seu tempo na Terra era passageiro, e que a verdadeira glória estaria lhe aguardando no Reino dos Céus. Passara a acreditar, como nunca antes, em dias melhores. Ele tinha a certeza de que os dias de luta trariam dias de glória. Erick tinha plena consciência de que esse grande trunfo devia ser compartilhado com o mundo.

— Na televisão, de novo, será? Não sei. Só sei que o mundo precisa saber a razão de eu nunca desistir — Lira conversava consigo mesmo.

Não demorou muito para que o atleta voltasse a dirigir e pudesse fazer a fisioterapia com Constantino em sua própria clínica. Ali, Erick podia aprimorar suas habilidades motoras e seus reflexos. Ele confiava completamente no fisioterapeuta e em seus médicos. Por isso, tinha a liberdade de ter conversas delicadas.

— Jean, vamos começar a fazer trabalho de gente grande? Me deixa trazer o paraquedas para as sessões, para eu ir me acostumando com o peso? Vamos começar a fazer um trabalho específico para o meu retorno? — perguntou Erick um dia.

— Cara, você acha que já está preparado?

— Estou. Eu tenho me dedicado muito. Estou exausto, mas confiante. Vamos nos preparar para a fase final.

— Como estão as dores? Amenizaram?

— Sim. A doutora Drielle acertou na medicação. Eu tenho aprendido a conviver com as dores.

— E a ortopedista, o que diz?

— Que meus ossos estão no lugar, que os ferros não quebram e que é para eu tocar a vida até onde as minhas dores me permitirem suportar. Disse que o resto é contigo.

— É esse suportar teu que é diferenciado. Cara, o que mudou tanto em você? Agora vai completar dez meses do acidente, e você não para um minuto. Essa tua força de vontade está superando os limites do teu próprio corpo. Você tem certeza demais de que quer voltar a ser grande. É uma força épica. De onde vem tudo isso?

— Esperança, amigo. A esperança voltou para dentro do meu coração. Deus não me fez sobreviver a tudo aquilo para me deixar parado. Ele ainda vai querer me usar, mais e mais. E eu quero estar pronto para isso!

— Mas o que o paraquedismo tem a ver?

— Não consigo te explicar. Talvez seja a parte do meu desejo pessoal. Meu físico precisa ter uma motivação extra para continuar impondo novos limites.

— Que loucura... Mas vamos em frente. De agora em diante, você pode trazer seu paraquedas todos os dias. Vamos fazer sessões focadas no retorno. Você teve o punho direito dilacerado. Ele foi consertado, mas você não pode esquecer que é com ele que aciona o paraquedas. Suas pernas também vão precisar de um trabalho específico. Então eu vou bolar um programa próprio para isso.

— E com o fisioterapeuta do turno matutino, o que eu faço?

— Deixa que eu ligo para ele e alinho tudo.

— Combinado.

— E, Erick, você me falou uma vez que não é só voar. Não é só sair do avião e abrir o paraquedas. Então...

Erick o interrompeu:

— Eu sei. Vou fazer fortalecimento muscular à tarde e cuidar do peso. Sei que é preciso ter um bom condicionamento físico. Vou focar no aeróbico também. Faço pela parte da tarde.

O atleta de alta performance estava focado.

— Você tem muita disciplina, mas sabe que não vai ser fácil, né? Você vai suportar essa rotina?

— Sei. Mas vai ficar tudo bem. Confia em mim. — A expressão que não saía de sua boca.

— Confio. Eu sei que vamos conseguir.

Erick deu um abraço em Jean e acertou alguns detalhes sobre as sessões. Precisariam de mais espaço e equipamentos para fazer acontecer. Ele se sentia confiante, mas não pelos próprios méritos. Para Erick, não era mais do que sua obrigação demonstrar esse poder de superação de limites. Sabia que sua força vinha do Alto. Ele só estava fazendo seu papel. E queria fazer bem feito. Para o paraquedista, não havia outra opção que não fosse ser o melhor. E o fazia como se estivesse cumprindo seu papel para com Deus, já que era graças a Ele que estava vivo.

Todas as fases superadas até então só evidenciavam ao atleta como fora acertada a decisão de voltar ao Evangelho de Jesus Cristo. Tudo mudara quando a Esperança voltou. Mais do que isso, a esperança de dias melhores nunca mais sairia de dentro dele. E a fase final estava mais perto do que nunca.

Erick se despediu de todos na clínica e pegou a chave do carro. Antes de sair, fitou o amigo e fisioterapeuta bem no fundo dos olhos e, de forma muito séria e convicta, repetiu:

— Confia em mim, Jean. No final, vai terminar tudo bem.

— Confio. Eu realmente confio — respondeu Constantino.

Era a hora de enfrentar o último desafio.

CAPÍTULO 39
NASCE A LENDA

Os treinos, os exercícios e as fisioterapias eram absurdamente dolorosos. A dor e o esforço já eram uma rotina na vida de Erick. Hábito. Tinha de ser assim. O atleta não dormiria bem durante a noite se não soubesse que havia dado o seu melhor em cada exercício. Estava disposto e determinado a mostrar ao mundo que o Autor e Consumador da sua Fé o faria dar a volta por cima mais uma vez. Disciplina era a sua palavra de ordem. *Eu tenho que conseguir. Eu vou conseguir*, ele repetia dia após dia.

A lenda de sua força de vontade e obsessão em voltar às alturas chegou à Rede Globo de Televisão, no Rio de Janeiro, que entrou em contato com a TV local para registrar o seu retorno ao esporte. Queriam abrir o programa dominical, Esporte Espetacular, com as imagens do feito extraordinário. Fizeram uma matéria completa, incluindo entrevistas com suas médicas e seus dois anjos da guarda e melhores amigos, Tito e Denis, também com a Évelyn e a pequena Agnes.

— É uma pressão a mais, hein? — alguém falou para o paraquedista.

— É. Uma motivação extra. Cerejas de bolo são para poucos — respondeu Erick. — É a cereja do bolo.

No entanto, saltar de paraquedas não é um simples esporte espetacular. Há riscos que o atleta assume cada vez que se equipa e decide pular de uma aeronave em movimento, a treze mil pés de altura. Para Erick Lira, porém, que já tinha feito isso mais de seiscentas vezes, não haveria grandes dificuldades. Por outro lado, o que mata as pessoas em esportes radicais é exatamente o excesso de confiança.

Claro que a comunidade paraquedista toda quis fazer parte do retorno do amado companheiro, desde o presidente da Confederação Brasileira de Paraquedismo até o dono do DropZone, o bar do aeroclube. Faltavam poucos dias para o quinze de setembro. Aquele domingo de setembro, em que os fatídicos seis segundos mudaram completamente o rumo da vida de Erick, iria completar um ano. Erick nunca fora de comemorar aniversários, mas algo havia mudado nos últimos meses e ele passou a entender que vale muito a pena celebrar a vida ao lado de pessoas amadas. Assim, decidiu comemorar de uma forma diferente. Falou à esposa:

— Então, quero comemorar o meu renascimento.

— Legal. Vamos chamar as pessoas que te ajudaram nesse processo, elas vão adorar. Podemos fazer um jantar.

— Acho que não dá para chamar todas. É meio complicado para algumas.

— Fazemos no salão de festa. Lá cabe mais gente.

— Não é essa a questão.

Erick, o cowboy — fazendo rodeios.

— Qual é a questão, então? — perguntou Évelyn, ficando impaciente.

— A questão é que não são todos que têm coragem ou sabem saltar de paraquedas.

— Não estou entendendo.

— Eu quero comemorar um ano de vida retornando ao paraquedismo. Voando.

Erick, o sincero.

— DE JEITO NENHUM! — respondeu Évelyn, sem se dar conta do tom de voz. — CLARO QUE NÃO.

— Eu tenho trabalhado muito ao longo dos últimos onze meses para esse retorno. Preciso voltar a voar. E me sinto pronto para isso.

— Isso é o que você acha. Mas a sua ortopedista, o seu fisioterapeuta, os seus amigos paraquedistas dizem que não está.

— Évelyn, eu já dirijo, trabalho, me exercito, ando, treino e me esforço vinte e quatro horas por dia para estar pronto. Deixo até de dormir para me exercitar e me preparar. Eu estou pronto. Eu fiz desse treinamento a minha vida. Desistir não é mais uma opção.

— Erick, você não é mais sozinho. Pensa no que pode acontecer comigo e com a Agnes se algo der errado. Não vale o risco. Suas pernas e seus pés não aguentam mais o pouso. Eles não vão resistir ao impacto com o solo. Não dá. Não dá. Você não pode fazer isso com a gente.

Erick parou um pouco para filtrar e absorver os questionamentos feitos pela esposa. Levou as mãos à cabeça, fechou os olhos e respirou fundo. Após um tempo, abriu os olhos e contemplou o pôr do sol através da janela do quarto do casal, um privilégio de morar no nono andar. *Que vista. Que visual*, pensou Erick. Depois de três minutos admirando o céu, voltou o olhar para a esposa e rompeu o silêncio:

— Eu não posso deixar de voar, Flor. Sempre que eu olhar para o céu, vou te culpar por ter me tirado algo que eu amo tanto. E isso vai me fazer viver frustrado e acabar com nosso casamento. Então, me perdoa, mas dessa vez vai ser do meu jeito.

— E todas as preocupações que eu acabei de falar?

— Nada de mal vai me acontecer. Mas, caso aconteça, você nunca vai ficar desamparada. Tito e Denis vão estar sempre por perto. Eles sabem exatamente o que fazer. Meus irmãos da maçonaria têm um bom seguro de vida em meu nome, e nosso apartamento vai ficar para você, isso já está certo.

— Não é só isso. Você sabe do que estou falando.

— Da Agnes. Todo o bem-estar dela até completar vinte anos está garantido. Pode confiar em mim.

Évelyn se viu sem argumentos e sem ter muito o que fazer. O marido era teimoso e estava realmente determinado a voltar a ser paraquedista. Não adiantava discutir, reclamar, tentar convencê-lo do contrário. Era o jeito Erick de ser, e ela sabia.

— És tu quem sabes, Erick Lira. Se você acha que precisa mesmo disso... Faz o que você achar melhor.

— Sim. Sou eu quem sei. Você pode pelo menos ir assistir ao meu salto de retorno? Vai ter uma porção de gente.

— Não. Não quero. Não posso compactuar com algo que eu acho errado.

Essa, Erick sentiu.

— Você quer pelo menos saber o dia em que vou saltar? Que eu te avise quando for para a área de saltos ou te avise quando estiver subindo?

— Também não. Não quero saber. Obrigada.

Esse tenso e perturbador diálogo aconteceu um dia antes do salto de retorno de Erick. É claro que ele ficou sentido e um tanto reflexivo, mas desistir deixara de ser uma opção fazia algum tempo. Não era hora de parar. *Maior é o que está em mim. Amanhã é dia de vencer gigantes*, ele pensou.

Naquela mesma noite, o seu fiel escudeiro Tito foi visitá-lo.

A conversa entre os dois, sobre vários nadas, elevou o humor de Erick. Ele amava isso. Então, começou a cair um verdadeiro dilúvio sobre a capital do Amazonas. Tito, que sabia do salto, olhou para o temporal e comentou:

— Cara, que chuva é essa? Para o seu próprio bem, é bom que ela passe logo, né?

Erick se levantou na varanda e ficou num silêncio absoluto. Do lado de fora, não existia nada além da noite, da tempestade e do medo.

— Você está bem, Erick?
— Estou sim.

Claro que Tito percebeu que era mentira.

— Você está nervoso para amanhã, né?
— Um pouco. Mas me sinto muito pronto, irmão. Fisicamente, estou mais pronto do que nunca. Só preciso trabalhar a minha mente. E isso eu faço no meu momento de oração, que começa daqui a vinte minutos.

— Então eu vou indo. Tente ficar bem. Não esquece o que você sempre diz: tudo começa na mente.

— Valeu. Você vai estar lá amanhã, né?
— Claro, eu e o Denis. Não perderíamos isso por nada.

Amigos não abandonam amigos. Nunca.

Após suas meditações, Erick fez as orações noturnas e foi dormir. Não havia mais nele ansiedade, medo ou preocupação. Foi um sono tranquilo. Naquela noite, não fez exercícios nem fisioterapia. Sabia que era o momento de deixar o corpo, a mente e o espírito descansarem.

Uma décima ocorrência positiva nisso tudo

O sol raiou na capital do querido estado do Amazonas e, antes das sete horas da manhã, Agnes já demonstrava que queria participar da agitação do dia e tentar ajudar na casa. Como ela já sabia andar, a sua ajuda não seria arrumando alguma coisa — provavelmente, o contrário. Ela entrou no quarto do casal em busca de seu mingau matinal.

Sempre que acordava, Erick de imediato se ajoelhava aos pés da cama e fazia suas preces de agradecimento, um hábito que praticava desde que reencontrara o homem de dores. Sempre tirava esse momento para agradecer, apenas, não pedia nada. E aquele era especial, algo muito grande aconteceria. Vencer o chefão do videogame da vida real. A fase final. Finalmente, ele enfrentaria o tão temível gigante. Terminou a oração no nome do seu Senhor e ficou lembrando da divina história do Rei Davi.

Como todas as manhãs, as coisas aconteceram ritualisticamente iguais no apartamento. Erick tomou banho e se arrumou. Enquanto a mesa do café da manhã era posta, ele decidiu aproveitar para mais uma vez perguntar à esposa:

— Tem certeza que não quer saber o dia em que eu vou saltar?

— Certeza absoluta. Já que vai ser televisionado, eu deixo para saber assistindo pela televisão.

Évelyn conseguia ser sarcástica ao extremo quando queria. Erick já sabia e aprendera a não ligar.

— Combinado, então. Vamos logo tomar café que eu preciso ir. Hoje o dia está cheio.

E estava mesmo.

Erick deu um beijo de despedida na esposa e abençoou a filha.

— Fiquem com Deus. Até mais tarde.

Ele entrou no elevador e apertou o botão do subsolo para pegar o carro. Foi para sua empresa e por lá ficou até dez horas da manhã — não havia tantos serviços, já que setembro era um mês ruim para sua atividade comercial. Pela primeira vez ao se despedir, não disse para onde ia. *Que bom que ninguém costuma me perguntar*, pensou.

O atleta estava exausto da rotina de exercícios e fisioterapias. Sentia isso sempre que dirigia. Suas dores aumentavam, e ele se dava conta de quantas vezes vinha levando seu corpo ao limite. É assim que se fazem os campeões e as lendas.

Ao chegar ao aeroclube do estado do Amazonas, dirigiu-se diretamente à área destinada à Federação Amazonense de Paraquedismo. Ao estacionar o Corolla preto, já notou que a equipe de televisão estava toda lá. Mas não foi apenas isso que chamou a sua atenção: percebeu que outros onze paraquedistas e amigos, que visitaram e acompanharam Erick durante sua trajetória, também estavam lá. E estavam prontos e equipados para embarcar e saltar com ele. Por um instante, o empresário abaixou a cabeça e se deu conta do quanto era querido por todos ali.

— Obrigado, Jesus. Que eu possa sempre ser luz aqui. Sempre — disse Erick em voz baixa.

Erick tinha uma sala reservada onde ficavam guardadas as suas coisas pessoais, uma espécie de clube privado de paraquedismo que ele compartilhava com cinco amigos. O nome da sala era bem sugestivo: Fly High. Lá, ele vestiu o macacão, o equipamento de paraquedas, pegou o altímetro, o capacete e acoplou neste uma nova câmera GoPro que a equipe da Rede Globo tinha emprestado. Tudo seria filmado, acompanhado e arquivado por amigos e profissionais da imprensa.

Antes de sair da sala, como de costume, o paraquedista pediu licença a todos: queria ficar em contato apenas com Deus. Ajoelhou-se e fez uma oração.

— Pronto, pessoal. Vamos voar! Chegou o dia! — disse Erick, já saindo da sala. — Vamos aproveitar o dia ensolarado!

Ao sair, cumprimentou um a um dos amigos paraquedistas que estariam no avião e fariam parte da formação em queda livre. Alguns, ele abraçou. Outros, beijou na face. E, com alguns poucos amigos, passou algum tempo preso num saudoso e agradecido abraço. Aquele era o seu momento. Cada um daqueles amigos tinha feito parte do doloroso e lendário processo de recuperação do atleta.

Mas nem tudo era alegria. Manaus é uma cidade extremamente inconstante no quesito climático. O céu começou a escurecer. Os paraquedistas já estavam dentro da aeronave. O comandante recebeu uma informação da torre de controle:

— Decolagem para lançamento de paraquedistas abortada. Fortes ventos vindos do sul podem trazer chuvas intensas.

Manaus sendo Manaus.

A tripulação saiu do avião. A frustração estava estampada no rosto de cada um. Em poucos minutos, a chuva realmente veio — forte e intensa, como costumam ser os temporais de setembro.

Sentado numa das cadeiras de madeira do bar, sob a sombra, Erick decidiu ficar sozinho. Pegou carinhosamente o capacete com as duas mãos — estava com saudade de usar o capacete *full face* — e o encarou. Apoiou os cotovelos nos joelhos e se voltou para a imensidão da pista de pouso e decolagem do Aeródromo de Flores.

Envolvido nos próprios pensamentos, Erick olhou para o altímetro — que também marca as horas — e percebeu que ainda não era nem meio-dia. *Essa chuva vai passar ainda hoje. Daqui para mais tarde, os céus se abrem*, pensou, sem se dar conta de que Tito se aproximava.

— E agora, Homem de Ferro, como ficamos com essa chuva toda?

— Ela vai passar daqui a uma hora. Dá tempo até de a gente almoçar.

— Como você sabe que vai passar?

Erick deu uma boa olhada para o horizonte e piscou um olho.

— Eu simplesmente sei.

— Tá, mas e se parar muito tarde, ficar nublado, com o gramado encharcado?

— Daí fazemos o que fazemos de melhor.

— Que é...

— Improvisar.

Eles riram e decidiram almoçar ali mesmo. Erick amava o bife de picanha daquele bar. O almoço foi divertido, pois vários outros paraquedistas se juntaram aos dois numa pequena confraternização para festejar o retorno do amigo ao esporte espetacular. O almoço demorou cerca de uma hora e meia, até que Aurinm de Vargas, o Big Boss, chegou na mesa com um sorriso estampado no rosto e um paraquedas nas costas:

— E aí, como é que é? Não vão querer saltar, não?

Erick se deu conta do horário e das condições climáticas. Olhou para o céu e o viu completamente azul. *Azul da cor do mar*, cantarolou em pensamento.

— Vamos que vamos! — Ele se levantou e disse para o amigo Aurinm. — Está seguro para saltar assim, Big Boss?

— Mais do que seguro. Agora só vai depender de você.

— Então não depende de mais nada. Vou me arrumar novamente e decolamos em dez minutos!
— Ouviram o que ele disse? — Aurinm falou em voz alta para os paraquedistas na mesa. — Em dez minutos, estejam preparados na porta da aeronave!
Finalmente. Uma décima ocorrência positiva nisso tudo!

Nasce a lenda

Ainda na pista, os saltadores formaram um círculo, exatamente como tentariam fazer no ensolarado céu amazônico. Eles se deram as mãos e olharam para o artista principal desse grande feito, como se esperassem que Erick Lira dissesse algumas palavras.

Ele entendeu o recado. Amava falar de improviso.
— Muitas pessoas gostariam de estar presentes neste salto. E muitas mereciam. Vocês foram os escolhidos porque cada um teve uma participação no meu processo de recuperação, tendo conseguido uma aeronave para me salvar — Erick olhou para Aurinm —, ou passando uma madrugada inteira em vigília cuidando de mim no hospital — , olhou para Anderson, filho de Aurinm —, ou simplesmente me visitando em casa — Erick se dirigiu a todos. — Vocês viram e souberam do sacrifício que foi para estar aqui hoje. Vivo. Andando. Voando. Muito obrigado pelo carinho de cada um e pelo coração que vocês deixaram em cada atitude. Isso não tem preço. Que Deus possa um dia recompensá-los e abençoá-los sempre mais. Agora, vamos colocar essa máquina para voar e voltar a voar juntos!

As palavras de Erick terminaram sob aplausos dos amigos, que depois enunciaram o grito de guerra e entraram no avião.

Com todos acomodados, o comandante recebeu as ordens, acionou o motor e disse a frase que Erick tanto queria escutar:

— Decolagem autorizada. Vamos subir, rapazes.

O trajeto que leva o avião do solo até a altitude ideal para o lançamento dos paraquedistas leva aproximadamente trinta minutos. Nesse trajeto, os paraquedistas faziam piadas, conversavam sobre as mulheres, atualizavam-se sobre as novelas, falavam de tudo. Erick amava esse momento, mas naquele dia a costumeira alegria da equipe tinha dado espaço ao silêncio vespertino dos ares. Com a porta aberta, tudo o que se ouvia eram as turbinas e o vento entrando. Erick estranhou, mas compreendeu pelo semblante de todos que os amigos estavam concentrados ao extremo. Haviam encarnado o papel de guardiões, pois nada — absolutamente nada — podia dar errado.

Erick aproveitou para entrar no mesmo clima. Fechou os olhos e orou. Orou pela família, pelos amigos, pelas pessoas que o ajudaram a chegar ali. Agradeceu pela vida das médicas Erika Santoro e Drielle Sales. Orou por tudo e por todos de que pôde lembrar. Recordou da última vez que usara um equipamento com paraquedas — o salto de *base jump*. Lembrou daqueles seis segundos que lhe tiraram tudo. E então Erick decidiu, pela primeira vez, agradecer a Deus pelos seis segundos mortais. Foi assim que Ele fez renascer um novo Erick. *Obrigado, Jesus*. No mesmo tom, pediu que pudesse fazer um bom salto e que pousassem em segurança. Terminou a oração e se deu conta de que o altímetro já marcava perto dos dez mil pés de atitude.

Todos começaram a se movimentar, colocando o capacete e checando os equipamentos. Era o procedimento padrão. Erick fez isso e vestiu o par de luvas. Todos prontos. O responsável pelo salto e por fazer a reta de lançamento deu o sinal para o comandante: cinco graus à esquerda. O comandante respondeu:

— Lançamento autorizado. Um minuto.

É, estava chegando a hora. Não havia mais volta.

Eles se reuniram mais uma vez, e o mestre de saltos falou:

— Pessoal, vamos nos divertir. Não esqueçam que o Erick é a base. Vamos voar para ele. — Ele olhou para Lira e disse: — Isso é lendário, meu amigo. Nunca foi visto ou vivido. Há menos de um ano, você estava em pré-óbito e hoje está aqui. Bem-vindo de volta!

Todos comemoraram e foram para a porta do avião. Erick seria o terceiro a saltar. Cada paraquedista pulou da porta da aeronave, que voava em velocidade de cruzeiro de cento e oitenta quilômetros.

E, assim, trezentos e sessenta e dois dias depois, Erick voava novamente.

Assim que abriu o paraquedas, Erick ficou sozinho nas alturas mais uma vez. Ele comemorou muito. Esmurrava o vento, agradecia em alto e bom som. Havia treinado muito para chegar ali. Agora restava o último desafio da última fase. Pousar em segurança.

Ele sabia o que tinha que fazer: pousar de bunda, quase como dar um carrinho no futebol. Só não tinha certeza se ainda se lembrava de como fazê-lo.

— Ah, quando chegar lá eu vejo! Qualquer coisa, eu improviso na hora — Erick falou para si mesmo.

E foi isso. Todos o aguardavam na rampa de pouso. Paraquedistas, amigos, imprensa, colegas de trabalho e os fiéis Tito e Denis.

Erick pousou com sucesso, e, ainda deitado no gramado, vibrou muito, chorou de alegria tal qual uma criança. Foi abraçado por todos. Quando chegou na hora de abraçar Tocha e Mestre, ele falou:

— Vocês fazem parte disso. Nada disso seria possível sem vocês. Obrigado, meus irmãos!

— Você é nosso Homem de Ferro! — disse Tito.

Denis levantou os punhos da camiseta de manga longa e mostrou a tatuagem no antebraço:

— Você é uma lenda, irmão! Estava escrito que isso aconteceria.

A câmera da Rede Globo interrompeu o momento e o repórter perguntou:

— Qual é a sensação de estar de volta, Erick? Conta pra gente como foi esse retorno.

— Só eu sei o sacrifício que passei para estar aqui. Só eu sei o que sofri para chegar aonde cheguei. E hoje, finalmente, posso olhar tudo isso e dizer: eu estou aqui. Eu estou de volta. Eu voltei do vale da sombra da morte.

EPÍLOGO

Desse dia em diante, Erick tocou a vida de uma forma completamente diferente do que um ano antes. "Gratidão" é a palavra que orbita seu dia a dia. Ele não dorme sem antes meditar nas Escrituras Sagradas e agradecer ao Pai Celestial pelo fôlego de vida. Ele continua sentindo fortes dores nos locais das fraturas, é claro, mas visita e se consulta com as duas médicas — Erika Santoro e Drielle Sales — regularmente. Eles se tornaram grandes amigos, e elas amam a doce Agnes e a família de Erick. A principal dor, que a própria neurologista falou que seria eterna, é a dor neuropática no tornozelo direito. Isso porque os nervos do pé morreram. Por conta disso, o homem toma até os dias de hoje remédios controlados, além de cuidar do peso, pois seu pé não resiste mais a uma carga elevada.

Ele continua praticando as atividades físicas com muita disciplina, ainda que muitas das vezes sejam extremamente dolorosas e intensas. O fortalecimento muscular é o que faz com que os ferros, platinas, parafusos, hastes e afins cumpram seus papéis sem gerar fortes dores ortopédicas. Erick não perde o foco, porque sabe que pode fazer, e fará, muito mais. Ele precisa voltar a correr, fazer maratonas pelas florestas e pousar de pé no salto de paraquedas.

— É questão de tempo. Eu vou conseguir. A boa obra d'Ele só vai terminar quando minha vida chegar ao fim — diz Erick.

Erick Lira continua se aventurando com vaquejadas, rodeios, motocicletas, tiro esportivo, pescaria (sempre com Tocha e Mestre), caças de jacarés com mergulhos noturnos e, claro, paraquedismo. *Base jump*, ele nunca mais praticou. Cumpriu a sua palavra à risca. Sempre que o atleta vê uma antena, um prédio, uma ponte, qualquer local bem alto, sente uma saudade e uma vontade absurda de se equipar e saltar.

— Sente saudade de fazer um *base*, Tony Stark? — perguntou Tito um dia, com bom humor.

Um teste, talvez?

— Muita. Mas palavra é palavra. Eu dei a minha. Não posso voltar atrás. Não há exceção à regra comigo. Mas, que eu sinto saudade, sinto.

— É assim mesmo. Mas pensa pelo lado bom: você conquistou um grande recorde nesse esporte. O único sobrevivente de um acidente de *base jump*. E olha só para você! Mais vivo do que nunca!

— *Touché* — respondeu Erick, sorrindo. — Eu não vou mais saltar de *base*. Confia em mim.

Tito amava quando Erick usava essa expressão. E confiava.

Quanto ao paraquedismo, no final das contas, Erick estava certo: voltou melhor do que nunca. No restante de 2019 e no primeiro semestre de 2021, o atleta conquistou e se graduou nas licenças de Treinador BBF (Basic Body Flight) nível um, se formou instrutor de paraquedismo AFF (Accelerated Free Fall) e mestre de saltos pela Confederação Brasileira de Paraquedismo. Além disso, foi campeão amazonense e campeão brasileiro da Copa Brasileira de Velocidade a Quatro v4 em 2022, com mais três amigos.

Em outro de seus esportes favoritos, a vaquejada, ele conquistou o segundo lugar no campeonato amazonense, categoria aspirante.

Na pescaria, Erick evita contar seus feitos para que não sejam chamados de história de pescador. Mas, sim, ele continua pescando grandes tucunarés. Pelo menos duas vezes por ano, ele e seus dois fiéis amigos voltam ao lugar onde esta história começou, pescam no mesmo rio, ficam na mesma casa ribeirinha, passam pelo mesmo Ramal, encontram com a mesma família e passam na frente da imponente e gigantesca estrutura de ferro — a antena que mudou a vida dos três para sempre. No começo, Erick sentia um aperto no coração e uma sensação de derrota. Depois, eles começaram a parar ali, se emocionar e orar. Viam-se como vitoriosos.

— Como a gente sobreviveu àquele dia? — Denis sempre pergunta.

— Foi o agir de Deus na vida de cada um. Vocês dois foram usados para ser anjos. Sintam-se privilegiados.

— Nós nos sentimos assim. Por isso não foi só a sua vida que mudou.

— Ah, rapaziada, eu estava semimorto aqui neste chão. Desculpa mesmo não ter ajudado nessa aventura. Foi mal — brincava Erick.

— Tudo bem. Está desculpado. Só não cometa outra dessas — Denis complementava.

Em sua família, Erick teve o prazer indescritível de acompanhar cada novo progresso da doce Agnes. Ele ama fazê-la dormir e enche a menina de histórias mirabolantes. O atleta inconsequente, que de fato morreu, não vira os primeiros passos da filha porque estava lutando para sair de um coma profundo; mas Deus foi tão bom que lhe permitiu assistir às primeiras braçadas dela na piscina. E Agnes já está ensaiando andar de bicicleta também. As noites de farra, bebedeira, drogas, aventuras e ausências deram lugar à lendária devoção de evangelizar e amar a sua família com atitudes. Não há mais os sumiços de madrugada. Não há mais as mentiras de antes. Erick aprendeu, ou reaprendeu, o que é família.

Ele e sua família congregam assiduamente na Nova Igreja Batista, que fica a cinco minutos de sua casa, e Erick é um aluno frequente do Seminário da Nova Igreja Batista. Recebe convites de igrejas, empresas, escolas e hospitais para levar seu testemunho de vida e palestrar pelo mundo afora.

— É o mínimo que eu posso fazer. Levar o amor de Deus e a graça de Jesus Cristo aos confins da Terra. Se Ele pôde mudar a minha vida e me aceitar do jeito que eu era, Ele pode fazer milagres em cada pessoa. Ele não me deixou vivo à toa. Eu preciso fazer com que o mundo saiba que a palavra "impossível" é só uma questão de perspectiva. Afinal de contas, aquele homem realmente morreu. Cristo agora vive em mim — sempre afirma Erick ao terminar cada palestra.

AGRADECIMENTOS

A Deus, toda honra e toda glória por este livro: dEle e para Ele são todas as coisas. Agradeço à minha esposa, Évelyn C. Lira, que nunca deixou de estar ao meu lado nos momentos de dor, de dúvidas e de difíceis decisões; ela foi até o limite para me fazer ter e viver o amor. Sou apaixonado por você, Florzinha.

À minha doce Agnes e sua enorme facilidade de me arrancar sorrisos. Você me faz confiar que estou no caminho certo. Agnes realmente é um doce. E, hoje, realmente tem um pai.

Eu jamais conseguiria escrever aqui os nomes de todas as pessoas que me fizeram estar vivo e que me fizeram recuperar a capacidade cognitiva de escrever um livro. Mas, no decorrer das páginas deste livro, você as conheceu.

Obrigado à queridíssima Vanessa Castro, que, com a sua indescritível competência, ajudou-me a resolver detalhes que eu nem sabia que existiam.

O meu muito obrigado também à Livraria Lira, de onde tiro o sustento. Amo o meu trabalho e a minha equipe. Nós nos completamos dia a dia.

Preciso agradecer à minha querida igreja-mãe, Nova Igreja Batista, que com seus ensinamentos tem me ajudado a permanecer firme na Palavra e no amor.

Que cada capítulo deste livro possa abençoar você e ajudá-lo a entender que o impossível é só uma questão de perspectiva. Afinal de contas, "podemos todas as coisas n'Aquele que nos fortalece". Acreditar e confiar.

Muito obrigado pela leitura!

APÊNDICE

Este livro é baseado em uma história real.

Escaneie o QR Code para ver os registros:

Este livro foi publicado em agosto de 2024 pela
Editora Nacional, impressão pela Leograf.